探索心靈的具體方法

# 公案100

MASTER SHENG YEN ON
100 CHAN GONGANS

聖嚴法師——著

尤俠——繪

# 前言

我的「禪語一〇〇」專欄（編案：後收錄為《聖嚴說禪》，法鼓文化出版），於《中央日報》長河版刊畢之後，許多讀者希望我繼續寫下去，編輯先生也囑我再度供稿。

雖然每篇的字數不多，卻能獲得一則禪話的享受；透過禪的意境，來看現實的生活，會使我們體驗到充實而又豁達的人生。在平安之中成長，在逆境之中前進，對我自己，也是一份鼓勵。

因此仍請葉翠蘋小姐為我逐句筆錄，完成了第兩百則的禪話系列。

本書一百篇其中的三十篇仍由《中央日報》刊出，後由於長河版調整編輯方向，則轉由《中華日報》刊登，並由知名的青年漫畫家尤俠先生配上插圖，增添趣味不少。於此出書之際，謹此向兩報之編輯人員及尤俠先生，致上謝意。

# 目錄

前言 3
野狐精 9
龍潭吹燭 11
一切具足 13
踢倒淨瓶 16
非干我事 18
不飢不飽 21
飢來吃飯睏來眠 24
終日尋春不見春 27
鬼家活計 30
空中一片雲 33
兩個泥牛鬥入海 36
好醜起於心 39
捨父逃走 42
生死事大 45
如是如是 49
身緣在路 52
煩惱即菩提 56
直用直行 59
野鴨子 62
併卻咽喉唇吻 65

一粥一飯 68
無開口處 70
山下做水牯牛 73
一口吸盡西江水 76
抱贓叫屈 79
子真牧牛 82
一棺兩屍 85
有無皆是 88
爐中有火 91
蚊子上鐵牛 93
喚院主 96
祖師畫像 99
老僧好殺 102
吃粥洗缽 105

一日看一字 107
一物不將來 109
我不會佛法 113
這裡無奴婢 116
只圖遮眼 118
玄沙救火 120
壓良為賤 122
好事不如無 124
悟法迷人 127
不許夜行，投明須到 130
牛胎生象子 133
逢著便殺 135
死一回始得 137
今日乃知，鼻孔向下 139

雜貨鋪 141
將心守靜，猶未離病 144
片石在心 146
不知最親切 149
無下手處 152
不為人天來 155
大好山 157
不落階級 160
說似一物即不中 163
懸崖撒手 166
使得十二時 169
晝夜一百八 172
禮佛無所求 175
空手把鋤頭 178
師姑原是女人作 181
一時埋卻 185
雪峰淘米 188
秦時轅轢鑽 191
生身父母在深草裡 194
歸宗拔菜 197
眾生心裡出 199
不肯承當 202
如蟲禦木 205
腳跟猶未點地 208
長空不礙白雲飛 212
自有娘生褲 214
法堂倒了 217
石頭出汗 219

前也常坦，後也常坦 222
一得一失 225
閒名在世 227
有主沙彌 230
有不病者 233
除之益患 235
德山的棒 238
馬祖看水 241
離此殼漏子 244
日用而不知 247
盲者係前盲，啞者係前啞 250
今日初三 252
不被境惑 254
通身是眼 257
住持事繁 260
諸方火葬，我這裡活埋 262
死貓兒頭 265
猶有這個在 268
鐘聲擊心 271
功德天·黑暗女 273
一枝草 276
主在什麼處 279
恰恰用心時，恰恰無心用 282
業識茫茫，無本可據 284

# 野狐精

唐肅宗時，西天大耳三藏來到東土，自稱有他心通，肅宗要慧忠國師加以試驗。慧忠國師連問兩次：「你說老僧此刻在什麼地方？」大耳三藏都回答了，一說在西川，一說天津橋上。待國師再問第三次，大耳三藏技窮，默然以對。慧忠國師斥道：「這野狐精，他心通在何處？」

站在禪或正統佛教的立場，雖不否定神通的功能或事實，但不運用神通來魅惑人心，膨脹自己的信眾或勢力。神通有真也有假，但不論真假，都不能違背因果的原則，否則即使一時之間能得到便利，但卻可能因此而失去更多。

所謂撿便宜是撿了自己的便宜。神通就好比是自己不付出而借到錢、搶到錢或撿到錢；其結果是借來的終需要還，搶的偷的會受制裁，即使未破的搶案，在因果上還是要受果報的。如果是撿到錢，那是別人心血汗賺來的，不是一塊泥巴或石頭，失去這筆錢，可能會使其喪失一生的幸福，你卻不勞而獲，這對因果而言也是非常嚴重的。

因此，靠神通幫忙，等於自己去買一把槍，或雇用黑道來得到自己之所欲，後果是不堪想像。又好比是自己必須還債，但心有不甘，於是找惡勢力來幫自己逃債。可是雖然債主可能暫時不敢登門，但這筆債依然存在，而且對方看你藉外力賴債，可能會去找更大的惡勢力討債。你逃得過一時，逃不過一世；逃得過今生，逃不過來生。

以佛法來說，用神通獲悉他人隱密，或用神通達成發財、治病等等目的，也許會暫時得到一點效果，但終究逃不了因果律。所以，慧忠國師罵大耳三藏玩神通，是野狐精。野狐精會耍一些古靈精怪的小花樣、小技巧，但究竟不是如來的大法。

# 龍潭吹燭

有天晚上，德山宣鑒侍立在其師龍潭崇信之側，龍潭禪師要德山退下休息，德山遂告退走出去，不一會兒又回來說：「外面黑。」龍潭點了蠟燭交給德山，德山正要接過來，龍潭卻一口氣將它吹滅。

黑暗之中如何破黑暗？不是給他光明！

一般人認為，有光明即能破黑暗，去煩惱即能得智慧。在現實生活中，窮困的人希望有錢財當富翁；卑賤的人希望有地位變尊貴；孤苦的人希望得依恃變幸福。但從禪的立場來說，要看絕對而非相對。比如貧賤和富貴完全相對，但貧賤之中有不同的層次，富貴之中也有不同的等級。即使同為乞丐，有的高高在上，是乞丐中的貴族。即使同為富豪，有的自覺高人一等，有的自認矮人一截。

因此，若用相對的尺寸來看世間，就沒有絕對的好壞。以光明和黑暗為例，如果是絕對的黑暗，就不知道有光明，但光明之中有沒有黑暗呢？光明也有不同的程度。在地球上，白天的陽光很亮，若到深遠的太空去，因無任何物體可以反射，不會感到太陽是燦亮的，只有一點光而已。所以，不論我們身處任何層次，應一概認定這是自己的環境、自己的現狀；跟自己的過去不需比較，跟其他人也不需比較。否則有時覺得自己高過他人，過一段時間又可能自覺不如人，永遠受外在環境影響而失去自我的主宰。

自己是什麼就是什麼，自然就好。外面黑，點一盞燈很好，但黑還是黑，一盞燈不能取代黑暗，乾脆吹掉算了。如果能超越於黑暗和光明的對立，才是真正的解脫自在。

# 一切具足

> 大珠慧海向馬祖道一求佛法，馬祖告以：「一切具足，更無欠少，使用自在，何假向外求覓。」

這是指出每一個人的內心，都具備開悟的條件乃至於成佛的條件，不用向心外的他人追求什麼佛法。

就禪修者來說，師父領進門，修行在個人，開悟靠自己。個人怎麼修呢？方法是師父指導的，真正的悟見佛性則需自己用功，根本沒有所謂的「門」，努力就是門。如何努力？放下自我的執著心、自私心、煩惱心、追求心、厭惡心、不耐煩心，那時就能見到佛性。易言之，如何放下是師父教的，見到佛性或智慧的顯露卻不是任何人給的，連佛也無從給你，那是你自己本來就有的。

大家都會說，年輕人是有待琢磨的璞玉，是社會國家未來的主人翁；經過琢磨的玉，不是任何人變化出來的，乃是玉石本身就藏著玉。有些人認為只有少數天賦異稟的人才是玉，自己大概不可能是玉。就佛法的立場而言，這種觀點是錯的，佛說一切衆生都有佛性，人類固然有，即使連貓狗等所有大小動物，乃至於朝生暮死的蜉蝣，佛也承認牠們都有佛性，只不過牠們尚未經過人的階段修練，佛性尚未顯現。

人類之中有智、愚、賢、不肖的差別，也是事實，但佛對衆生平等看待，現階段固然呈現出智、愚、賢、不肖的形態，其純美的本質還是可以開發的。低能兒若加以教育，可能會自立自強。殘障的孩子體力虛弱，父母和社會如果不放棄對他們的幫助和栽培，也可能會成為有用的人才。

佛法認為，人生倏忽幾十年，只是生命長河中的一個小段落，即使這一生已無希望成為大材，沒關係，只要給他熏習、給他幫助，即使再不肖、再愚鈍，也能使他的品質逐漸提昇。如果觀念轉變，建立起信心和願心，弱智者也很可能會變為正常而很有能力、很有智慧的人。

對任何人不要失望，不得放棄。秉持「一切具足」的信念，對己對人都能給予鼓勵和肯定，既不會自暴自棄，也不會小看他人；可使得每個人都能成為自助助人的社會中堅。

# 踢倒淨瓶

有人來見百丈禪師，想在他門下尋覓適宜的人選，去擔任一座山的住持。百丈的首要行政幹部華林落選，反倒主廚溈山中選。華林不服，百丈指著淨瓶說：「不得叫它淨瓶，喊得出另外一個名字的，就去當住持。」華林說：「不得叫淨瓶，也不得叫木楔。」百丈又問溈山，溈山踢倒淨瓶就走了。百丈笑著說：「華林輸掉了一座山。」

這則公案點出有輸有贏、有得有失的眾生心態。華林想得到這座山，在他的理解中，既不能叫它淨瓶，也就不該叫它木楔。這是沒有錯的，因為木楔和淨瓶還是不同。而溈山禪師沒想到要那座山，就不必管那個瓶子叫什麼，不怕給人考倒。在他心目中，既然這件事是多餘的，乾脆踢倒算了，對後果無所顧忌。

像這種不存得失心，而且能對當前的事實和現實做出該做的反應，是有智慧的人。一般人患得患失，所以面對現實環境時，心中的反應都是扭曲的。以扭曲的心看待周圍的人物、現象，難怪也都是扭曲的。因此，不論用什麼觀點來討論現實問題，由於帶著自我的利害得失，所以不一定正確、客觀。

有些人在順利時，是以扭曲的自我中心來處理現實；他自己心中無困擾，因為他一切如意，但相關的人卻受到損失。當他不順利時，就會覺得很困擾、很痛苦，環境處處是障礙。因此，如果沒有溈山禪師這種智慧，不是害人就是害己。

# 非干我事

仰山慧寂禪師問溈山靈祐禪師：「百千萬種現象一起來的時候，該怎麼辦？」溈山說：「青不是黃，長不是短，諸法各住自位，非干我事。」

許多問題都是圍繞著「我」而產生的。人間的凡夫不可能離開「我」，任何事情都是為了「我」。「我」需要、「我」不要、「我」喜歡、「我」討厭……，凡事不論內外大小，都是跟自己發生關係以後才來得重要，若跟自己沒有關聯就無所謂。

不過，我的事雖然最要緊，卻也最讓自己困擾；而因為有「我」存在，把他人當作對象，一切都從自己立場出發與別人相處，也就困擾了別人。對稱心的對象想占有他、利用他，不順意的想對付他、抗拒他、離開他。這些都是圍繞著「我」而產生的身心行為反應。

這種情形好不好呢？從一方面看，如果沒有「我」的觀念或自我執著，幾乎無法生存，因為衣服不用穿了，飯也不用吃了，生病了也不用看醫生了。所以，基本上，「我」是有用的。但是，也就因為有這麼一個「我」，困擾不斷產生。這是一般人的情況，而禪師們又如何呢？他們既能活下去，又不干擾他人，也不困擾自己；知道如何處理自己、處理他人。

在此禪語中，仰山禪師問溈山禪師：「百千萬種現象在你面前一時出現，怎麼辨？」若是普通人就亂了，就像身陷兵荒馬亂之中。我們這個時代如此混亂，怎麼辨？我們這個環境，比如紐約、臺北等大都會，如此壅塞雜沓，又該怎麼辨？這裡說：「青不是黃，長不是短。」青的就是青的，長的就是長的，該怎麼處理，就怎麼處理。一般人在處理的當時，誠然免不了困擾和阻礙。

以交通壅塞為例，紅綠燈故障，交通警察不在現場，你挺身去義務指揮，可能還挨「指揮不當」的詈罵。不過，罵歸罵，你依然一輛一輛來指揮，自己終於也可以上路。別人所罵的話你聽得清清楚楚，不過，「非干我事」。你所做的事跟他所罵的內容毫不相干，他罵他的，你做你的。讚歎你的人當然也有，不過，你只是做了你能做的事，把事情處理掉而已；不是為了他人的讚歎，也不自認有功勞。

我曾跟很多人說，要時時存著這樣的觀念：「你家有事，他家有事，我家沒有事。」因為你家有事、他家有事，所以我去幫忙處理。而處理不是為了我，所以心中無事，但還是經常在為別人做事。這才是有智慧的人。有智慧的好處，至少不會困擾自己、困擾他人，並且進一步為許多人解決困難。

# 不飢不飽

百丈懷海禪師對僧眾說：「有一人，長不吃飯不道飢；有一人，終日吃飯不道飽。」皆無對。

「長不吃飯不道飢」比喻不懂佛法的人，不知道佛法有什麼必要；不認為自己有佛性能成佛的人，不知道佛性有什麼作用。「終日吃飯不道飽」則比喻已經開悟、已見佛性的人，吃、喝、睡、醒都在佛性中，佛性就是他自己，但他不認為自己已饜足、從此不需要佛性了。

一般的凡夫或懈怠的出家人，會認為開不開悟、有無佛性，是不關痛癢的事。有不少人還未進入佛門、還未想學佛法、還未看過佛經、還未聽過禪宗公案語錄，不覺得需要佛法、需要禪修。這其中又可分為兩種：第一種人是自作聰明，其實非常愚癡，他們什麼都放不下，老是自己整自己；所思、所說、所做，都讓自己煩惱、讓他人受害。他們不知道自己缺乏智慧，沒想到要用佛法的觀念和修行的方法來幫助自己。第二種人是諱疾忌醫，明知自己有病，卻又拒絕求醫吃藥。這兩種人都是長不吃飯不道飢，其中以第一種人居多。

終日吃飯不道飽的人，用佛法的觀念和方法幫助自己解決困擾，他們雖有智慧，但不覺得自己已經飽了，不認為自己充滿智慧。他們正是學到老、學不了的典型，總覺得學無止境，永遠在學習。

在釋迦牟尼佛時代，有一位婆羅門教的大師，自認智慧之高舉世無匹，他擔心學問太多會把肚皮撐破，遂用銅箍把肚子勒住。他前來向佛挑戰，問佛有什麼智慧、有沒有他那麼多。佛說：「我的智慧跟你的不同，我的智慧就是沒有智慧。」不認為自己有智慧才是最高的智慧，才是源源不絕的智慧。

# 飢來吃飯 睏來眠

有人問大珠慧海禪師是怎麼用功的，他答道：「飢來吃飯睏來眠。」對方說：「大家都是這樣的啊！那他們都跟你一樣用功嗎？」大珠禪師說：「不同。他吃飯時不肯吃飯，百種需索；睡時不肯睡，千般計較。」

這句禪語的本意是說，該怎麼就怎麼，一切平常；此外，嘴巴吃飯時心也在吃飯，身體睡覺時心也在睡覺，這才合乎健康，也是智者的心理情況。普通人則不然，吃飯時不是講話、讀報、看電視，就是胡思亂想；上床時思緒紛飛、情緒起伏，入睡後迴腸百轉、亂夢連床。

禪師或智者心無二用且心無所用。心無二用是很清楚自己正在做什麼、正在講什麼、正處在什麼狀況——這是自知之明。知道當下正在發生什麼事，不會把現在的自己和過去的、未來的自己混淆起來。所謂過去的自己，是回憶過去的生活和經驗；未來的自己，是想像揣摩尚未發生的情況。這都不是智者應有的生活態度。智者、禪者只生活在現在，現在的每一秒鐘才是最寶貴的。把握現在、運用現在、落實在現在，是最充實的人生；否則不但把時間浪費掉了，也為自己帶來不必要的困擾。

已經過去的事情，驕傲沒有必要，悔恨沒有用處。知道錯誤馬上改進，比什麼都重要。如果停留在驕傲或悔恨的心境，就把現在放棄了。反之，計畫未來是對的，但憂慮是不對的；訂定目標是對的，而等待是不對的。

我常說，理想不是夢想。理想可以說是心願，要腳踏實地一步步向目標努力；至於何時完成心願，那就看努力如何，不是等它發生或憂慮未來，否則就把現在荒廢了。

因此，當下你在吃飯，就不要忽略吃飯；當下你在睡覺，就不要做不是睡覺的事。有人說：「百鳥在樹，不如一鳥在手。」照顧好手上的這隻鳥才合乎實際，樹上的鳥會不會來，那再說吧！空想是沒有用的。這個比喻說明了現實的重要性。智者不會有不切實際的空想、夢想、幻想，也不會將以往的成敗掛在心上。

# 終日尋春不見春

本句出自一首禪詩，相傳為唐朝無盡藏比丘尼所作。

禪宗看起來很玄。尋春怎麼會找不到呢？春天的郊野，到處是春意。風是春天的風，水是春天的水，草木花朵都是春。人的臉孔帶著春天的喜悅，百鳥唱出春天的歌曲，曲中盡是春天的感情。要尋春根本不難！

此處是一個比喻。已經身在春天之中，而且四季常春，你還要找春天？到哪兒去找呢？也就是說，若只知道春天這個名詞而不知道春天是什麼，即使身在春天也不認識春，無怪乎永遠找不到春天了。詩句的本意是不要去追求智慧；當你一無所求，那就是智慧，心中若有所求、有所尋覓，就是一種牽掛，即使找到了也不可靠。

春天是什麼？鳥語花香山明水秀是春天，可是，它會永遠存在嗎？不能！它瞬息萬變。當你感受到有那個東西，有一個永遠不變的春，春天就即刻離開了。也就是說，如果心有所執著，即使你真正見到春天，也會失去它。

換個角度看，許多人追求幸福美滿。什麼叫幸福？什麼叫美滿？心中知足就有幸福，待人懇切就是美滿。如果向他人要求幸福，向環境追求美滿，那永遠找不到。他人給的幸福你不會滿足的。如果只得到一點點，你希望得到更多；別人不讓你得到，你會無比痛苦；一旦得到了，又擔心失去。所以，對幸福的需求，永遠不可能真正滿足，因為那是別人給你的。如果心中有一個觀念：「得多得少都知足。能得多少就得多少，不能得到也就罷了。不是不要，但如果要不到，何必一定要？而即使得到，也可能會失去，何必擔心？能不失去最好，如果非失去不可，擔心也沒有用。」這麼一想，就會經常感覺在幸福之中。

人與人之間相處，如果自己要求的少而付出的多，不但自己對自己會滿意，他人也會有若干回饋，這就是美滿。即使付出很多而未得到任何回饋，也會覺得美滿，因為於心無愧。用這種心態來對待家庭、朋友、社會，則可以時時刻刻都在幸福和美滿之中。如果不能實踐這種生活體驗，那的確是尋春不見春，縱然身在春天也看不到春天。

# 鬼家活計

有一位講經法師來參訪鹽官齊安禪師，齊安問他講什麼經，答：「《華嚴經》。」齊安問有幾種法界，答：「廣義地說有無量法界，大略說則有四種。」齊安豎起拂子說：「這是第幾種法界？」僧沉默思考，齊安說：「思而知，慮而解，是鬼家活計，日下孤燈，果然失照。」

這段對話是在表達凡以思辨、分析、說明等所建構出來的，都不能體認到真實的世界。根據理論的思考或學問的邏輯，乃至於應用自己的經驗來敘述，都是一種方便。

所謂方便即表示那不是真實，只是一種旁敲側擊的表達手法而已。

所謂「法界」是指一切現象以及遍滿於現象的真理，故有無量。根據《華嚴經》的教義，法界分為事法界、理法界、理事無礙

法界及事事無礙法界等四種。事法界是現象，理法界是真理，理事無礙法界是真理和現象乃一體兩面，事事無礙法界則是任何一現象的本身即是真理的全體。這是從思辨的、哲學的角度去說明宇宙人生的大道理，但那是否就是宇宙人生的大道理呢？

古往今來東、西方的哲學家，層出不窮地探討、發現宇宙人生的真理，宗教家則用信仰來說明宇宙人生的真理。這些都只能說是玩文字語言的遊戲；聽來頭頭是道，看來目不暇給，但不一定就是真理的本身。古印度有六十二種思想、九十六種外道，各說各話，各自認為他們的所見所說是最高的真理。

現代社會亦然，政治、經濟、社會、醫療衛生等種種領域，常出現有新的理論、新的發現。但當另一個世代來臨，又會不斷地修正前人的說法。因此，哲學、科學都是暫時的看法，或只代表某一些人的看法，並無永久不變的真理。不同的宗教之間，各有其所信仰的真理。

「鬼家活計」的意思是說，在沒有悟見大智慧的情況下，任憑各種思想觀念和信仰，看來聽來好像已經很有力量、很有功能、很有道理，一旦遇到像禪宗這樣直接的、超越的、離開思考的、直搗黃龍的見解，任何理論觀念都會像是雪花遇到了火燄，無法自圓其說。禪宗的要旨告訴我們，對一切的現象和真理，雖需要說明介紹，但不必認為那是真理的本身，凡是思考、推敲、說明都會失實；與其做太多的推測、解說、思慮，不如當下認定，即可豁然貫通，天下太平，本來無事。

這段對話傳達了一個訊息：有思考、有說明並不壞，如果執著它是絕對的、不變的真理，那就有得麻煩了。

# 空中一片雲

唐肅宗問慧忠國師得到了什麼佛法，國師反問他：「陛下見到空中一片雲嗎？」肅宗答：「見到了。」國師說：「釘著，懸掛著。」

唐肅宗用空中一片雲來形容自己的心境，但真的是自由自在、無牽無掛嗎？他心中還有一片雲哩！他以自由自在為境界、為心的體驗，本身就是執著。好比說，出家人沒有太太而對他人炫耀：「我沒有太太耶！」出家人無妻是正常，你卻認為無妻是了不起的事，這就是罣礙。同樣地，唐肅宗執著自由自在的境界，那就是他的罣礙。所以慧忠國師說：「你已經在心中把那片雲釘起來了、掛起來了。」表示他尚未得解脫，不曾真正體驗過自在。

在日常生活中，幾乎每一個人都會發生這種情形。有人說：「我做不做官無所謂啦！」其實他講這句話的時候，相當在意自己做不做官，不過他能體會到「做官很好，沒官做也沒辦法」，所以才這麼說。做生意的人也會講：「有錢賺很好，沒錢賺也沒關係。」畢竟他還是希望有錢賺，如果實在沒錢賺也沒辦法。有這種想法已不錯，但不是大智者。

真正有大智慧的人，空中都是雲也好，空中沒有雲也好，都跟他無關；有官做很好，沒官做也很好，都於他無礙。很多人口中說：「我做官是為了人民，我賺錢是為了社會。」

其實心中想的是：「有官做對自己比較有利，有錢賺對自己比較方便。」先把自己擺在其中！這沒什麼不好，問題在於「有官做、有錢賺時是否洋洋得意、自認尊貴？沒官做、沒錢賺時是否落寞失意、自覺窩囊」？如果居廟堂、賺大錢而不覺得意，下官位、處蹇澀而不覺失意，這才是「能屈能伸大丈夫」。伸屈自如而自在自得，才是真正的智者。

能屈能伸不容易，大丈夫也不多，但做人總希望少些煩惱、困擾、痛苦，多一分愉快，那就該學學禪者的智慧。即使學不起來也不妨模倣一下，能夠模倣也是一種幸福的享受。畢竟，人不可能永遠風光、永遠得勢、永遠順利。

# 兩個泥牛鬥入海

洞山良价禪師問潭州龍山和尚：「和尚見個什麼道理，便住此山？」龍山說：「我見兩個泥牛鬥入海，直至如今無消息。」

這兩牛相鬥的意思，是指未開悟之前，自己的前念與後念往往是矛盾的，自己的過去與現在是衝突的，自己與外界是對立的，自己的觀點和他人的想法是不一致的。以自己的內心來說，前念和後念不斷進行溝通、商量和較勁、掙扎，就像兩頭蠻牛鬥個不停。以自己和外在之間的關係而言，幾乎每個人都希望所有的人、事、物，都能讓自己稱心滿意，適應自己、配合自己、認同自己，便所謂「得心應手」、「吉祥如意」了。事實上並不盡然。你希望人家對你言聽計從，對方倒希望你百依百順；即使是自然環境也常有天災地變、風霜雨雪等的障礙。所以，當自己的心無法掌控主宰環境時，總覺得環境跟自己過不去。當你在努力克服人為或自然環境的困擾時，就相當於笨牛相鬥。

但此處講的是泥牛。泥牛入水，很容易溶化，一旦遇到足以稀釋它的力量，馬上就不見了。泥牛入海，還能不被溶化嗎？人往往堅持個人的主觀意識，那是因為尚未悟得智慧，一旦開悟見性，便知自我中心的固執情緒，就像是泥牛入海，無形無影了。

洞山良价禪師問潭州龍山和尚是如何開悟的，悟境如何；龍山和尚比喻說：「我見到兩頭泥牛相鬥，到海中就不見了，直到今天還沒有消息。」意思是未開悟前的自我很固執，遇到什麼都要鬥：自己跟外境鬥，外境也跟自己鬥；向外鬥環境，向內鬥自己。之後，外鬥內鬥的行為再也不發生了，彷彿泥牛入海，太平無事了。此時心中了知：鬥是虛幻的情執，一旦有了智慧，便超越對立與統一，根本無從鬥起。這句話透露出開悟以後是多麼地灑脫自在；至於未開悟的一般人，在跟別人鬥或跟自己過不去時，不妨想想這句話，學學泥牛入海吧！

# 好醜起於心

**這是雙峰道信禪師對其弟子牛頭法融說過的，共有兩句：「境緣無好醜，好醜起於心。」**

以禪悟者的立場看這個世界，一切現象，不論好醜，都是自然的、平等的、是有其原因的。若以自然界的季節為例，春天生機蓬勃，夏天暑氣逼人，秋天花落蓮成，冬天冷冽蕭索；都不是為了討好人或者懲罰人而出現的，因為人有比較心、得失心、分別心、取捨心，才會說出「春秋可愛，冬夏討厭」這種話來。

不過，這種心也不是一成不變的，往往會因年齡層次、生活體驗、教育修養、宗教信仰等的關係而產生不同的價值判斷。年輕時認為是好的，中年時可能就改變了想法；學佛前嫌惡憎恨的事物，學佛後可能就比較可以寬容接納了。這都是因為知識經驗和人格修養的累積成長，觀念漸漸昇華，對於相同的人、事、物就會產生不同的評價了。

禪宗特別重視內心的淨化，强調要認識內心世界的真面貌。常人所謂心猿意馬，我們應當檢視它、觀察它，為何會有種種心態的發生？分別好醜，是由於內心已有先入為主的因素，再加上客觀環境的影響，相互激盪，便形成了或好或醜的價值評斷。由於主觀的內心認知及客觀的環境條件，經常會有變化，因此也產生了忽好忽醜沒有定見的價值判斷。可見好或醜，並沒有一定的標準，是可以隨著人心的感受而隨時變化的。

對於一個開了悟、有智慧的人而言，並無主見、成見的自我立場，內心世界只是環境的如實反映，都是來去自然，隱現無痕。是各種因緣促成環境的變化，也是各種因緣促成內心的活動。不論心內心外，一切都是因緣聚散的過程，一切也都是聚散無常的現象，不僅是暫時的，也都是真實的。變化不已的現象是暫時的，聚散無常的原理是真實不變的。所謂無常，便是說沒有永遠的好，也沒有永遠的醜，可見世界上並沒有真正的好與醜的現象。

一般人看到「好醜起於心」這句話，大致也能了解，也能有所體會，甚至願意接受，但當面對現實的狀況發生時，還是會直覺地說出這個好、那個醜。癥結在於未曾開悟的人，往往心不由己，習慣性地會起分別執著。開悟以後的人一旦有分別心出現，他不會起煩惱，萬一有煩惱生起也會馬上化解。例如見到有人在做壞事，知道是壞事，但他起的是慈悲心和憐憫心而非憎惡心；看到美麗的花，他知道花是美的，不過不會起貪愛而想把花摘下來帶回家去，據為己有。

一般人雖未開悟，也不妨體會心念的蠢動起伏。好與醜的判斷雖不能沒有，貪和瞋的念頭最好不要太強，否則受到傷害的既是他人也包括了自己。

# 捨父逃走

此句出自度門神秀禪師的示眾偈：「一切佛法，自心本有；將心外求，捨父逃走。」

大家都知道神秀禪師跟六祖惠能是同門，也知道神秀禪師屬於北宗禪，主張漸法。這是一般的傳言，其實不必如此呆板劃分。

此偈的典故出自《法華經》。有一位富翁出遠門，把獨子留在家鄉，後來家產旁落，孩子變成乞丐。父親在另一個城市又經營了很大的產業，兒子流落到該地，不明究理，登門乞討。父親很驚喜，準備收留他，日後再相認。但兒子認不出父親，也不知他存的是什麼心，疑懼之下，連夜逃走。

這個故事比喻眾生皆有成佛的可能，都是佛的獨生子。佛要接近眾生，希望他成為佛的繼承者，眾生卻不相信自己能成佛，也不相信自己跟佛有什麼關係。

以現代眼光解讀「捨父逃走」，可以說人往往捨近就遠，捨己求他，自我菲薄，自我糟蹋，自我懷疑。我們在一生之中固無可能立即成佛，但每個人生來自有潛在的能力和基本的善心。在某些情況下，人若無理想的環境，他會隨波逐流；此後一旦遇到好機緣，卻無信心接受栽培。美國有許多流浪漢，四肢健全但心理脆弱，即使社會福利機構把他們安置於比較安定的生活環境，並施以職業訓練，他們也會逃走。原因是他們不相信自己可以靠自己的能力創造光明的前途。臺灣也有街頭遊民，其中有些人曾經工作過，也組織過家庭，但遇到挫折之後，再也不相信自己爬得起來，再也不相信自己有潛力、有能力可以跟其他人同樣上進獨立。其實，不要說遊民，即使是已經功成名就的人，有些只能伸而不能屈，只能一帆風順而不能驚濤駭浪；受一點小挫折還過得去，受大挫折就一蹶不振。這種現象也叫捨父逃走。人的一生失敗是難免的，只要心不死，總有爬起來的時候，不要不相信自己。

「一切佛法，自心本有。」我們的內心具備一切可能，只要因緣成熟，不論是大目標、小目標，總能走出一條路。修行佛法的人如果不斷地向環境追求依靠，自己不能獨立，就無法開悟。一般人如果自己不求成長，無論他人如何扶助，永遠無法立足；何況向外馳求又疑懼別人的援手，更是伊于胡底。

# 生死事大

永嘉玄覺禪師往曹溪參訪六祖惠能，振錫揚瓶，繞祖三匝，六祖說：「沙門應有三千威儀、八萬細行，大德是來自何方，如何傲慢？」永嘉答：「生死事大，無常迅速。」六祖回說：「何不體取無生，了無速乎？」

永嘉禪師以「生死事大，無常迅速」回答六祖，意思是他已經沒有時間去考慮威儀、禮貌；這些虛排場對生死問題無所裨益，只能說是人與人之間彼此對待的一種表面行為而已。禪宗祖師們以心的清淨為重，外在的禮貌為次，甚至以不用著相為宜。這是此段對話的主要涵義。

現在我要點出「生死事大」的五個層次。

第一個層次：出生的目的是為了來世界上生和死——出生、生存、生活，最後生命結束。人一出生就確定有死亡的事實在等待，所以生和死就是人生的大事。

第二個層次：為什麼要出生？為什麼要死亡？生死之間的意義是什麼？責任是什麼？多數人連第一個層次都不清楚，所以貪生怕死；對第二個層次也不明白，所以茫然無緒。與草木同生，與草木同腐。

第三個層次：生從何來？死往何去？從佛教信仰的立場而言，出生一定是由前一生轉過來的；但前生是什麼呢？不清楚！生命結束死亡之後又到何處去？不知道！若如孔子所言「未知生，焉知死」，第三個層次的問題也就不存在，只停留在從生到死的階段，盡他的責任義務，守他的倫理道德。但是並非人人都能把握倫理和道德，有缺失的人在死後進入另一個階段的生命時，就要受苦了。所以，這一生受苦或享福並非憑空而來，而是由過去世所造的業因帶來的。把第三個層次弄清楚了，就能在這一生之中安身、立命、努力，面對現實。

第四個層次：生與死不能老是在因果之中打轉。從此生到下一生，從下一生再到下一生，恩怨無盡，煩惱不斷，這種折磨太可怕。必須把生死勘破、放下，這叫作從生死得解脫。一般人不會考慮這個問題，但若遇到變故頻仍、苦難重重，會希望一了百了。實際上沒有「一了百了」這回事，今生未還的債下一生仍要還。此外，擁有權勢財富美眷者，希望保有榮華富貴，捨不得死。其實這一切生前帶不來，死後帶不去，唯有自己的福德可以帶走。明白這個道理之後，活著的時候很滿足，會盡到倫理道德的責任，臨死也不會恐懼，由於功德可以帶走，所以不會捨不得。這個層次可以說是置生死於度外，但仍有所不足。

第五個層次：生也不錯，死也很好。過去是什麼？不需問，未來會如何？別擔心，生死的問題全部放下。這是大自在、大解脫，唯有大修行者才做得到。

「生死事大，無常迅速。」是要辨大事和急事，無心旁顧小事與瑣事。這是用一般修行者的心態和說法，來試探六祖怎麼回應他。他所得到的答案，是若你已能體驗到既無生死也無緩急，便得解脫了。

# 如是如是

六祖惠能對永嘉玄覺說：「何不體取無生，了無速乎？」永嘉禪師答：「體即無生，了本無速。」六祖說：「如是如是。」

這段對話上接「生死事大」而來。永嘉回六祖一句「生死事大，無常迅速」，六祖再問：「你不要管生和死了，何不體會一下不生不死呢？何不體會一下時間這個東西是不存在的呢？」也就是說生、死和種種無常是在時間之中表現的，時間的現象就是無常的事實，不執著時間就超越於時間。超越時空者即是得解脫之人。不過，超越時空不是不存在於時間和空間，而是不在乎其存在，既不貪戀也不討厭。

永嘉聽六祖這麼一問，馬上回答：「我去體驗的話就是不生不死；我去了解的話，時間就沒有速度。」六祖為了測出永嘉的程度，運用一般人的心理現象和常態反應來考驗他，永嘉就告訴六祖他自心的體驗是什麼。結果答案是正確的，所以六祖說「如是如是」——「就是這樣，就是這樣」，也可說是心心相印。

自然界任何現象都有原因，既然有原因，那就是一種道理。中國人叫作天理；基督教說是上帝的意志；佛法認為本來如是，沒有哪一個人或哪一種力量來主宰，皆是因緣促成，所以叫「如是如是」。如果兩個人的程度或境界相契，互相談得來說得攏，就是所謂知音、知己，甚至只用一個動作或一個表情就能心照不宣，這也叫作「如是如是」。

有一次我講經時說，人不要做上、中、前、後型的人物——吃飯坐在上位，照相站在中間，走路走在前面，做事躲在後面。後來有幾個聽過這場講經的人談起這個名詞：「你昨天聽了師父講經，今天就做了上、中、前、後的人。」其餘未聽經的人在一旁則一頭霧水。

「如是如是」一定是會心的、相知的。我們跟他人不能溝通的時候，無論你怎麼解釋，對方還是不明所以；好比瞎子摸象，摸到象腿就說象是那個樣子，明眼人一定說：「不是不是。」如果有人明白你的心意，三言兩語就點出你的想法，你一定頻頻點頭說：「如是如是。」唯有看過象的人來描述象的樣子，才能博得認同。

我們都希望遇到知音，萬一遇不到，要像惠能大師使其他人成為你的知音，而且最好使自己成為別人的知音。對方雖然不了解你，但你要了解對方，如此會逐漸獲得對方的信賴。因此，先做對方的知音，然後對方也會變成你的知音，總有一天你們都會彼此說：「如是如是。」

# 身緣在路

荷澤神會禪師往見六祖惠能大師，六祖問：「從何所來？」神會答：「無所從來。」六祖又問：「汝不歸去？」神會答：「一無所歸。」六祖歎說：「汝太茫茫。」神會答：「身緣在路。」

荷澤神會是六祖晚年最年輕的沙彌弟子，非常聰明優秀。這位十幾歲的小和尚去見六祖，六祖問他從哪裡來，神會說不從哪裡來；意思是這個問題太大、太複雜了，所以不必問他從哪兒來。

「從何所來」的範圍很廣。第一，可能是問他師父是誰，是從哪座寺院來的；第二，問他出生於何處，俗家在哪裡；第三，問他知不知道這一生是從哪個前生來的，可是前生之前還有前生，永遠問不盡，即使有宿命通，知道過去有無量生，但也說不完。因此神會索性回答無所從來。這個答覆很有學問，表示他的本性超越時空，既無所往亦無所來。

六祖又問：「你為什麼不回去？」這還是試探他。如果神會說：「我還不想回去。」那就答錯了。既然無所從，當然一無所歸。神會又闖關成功了。六祖繼續測驗他：「你既不知從何處來，又不知往何處去，你的人生好渺茫，太糊塗了。」可是神會答得很中肯：「身緣在路。」

從這句話看不出神會開悟了沒有。如果他真開悟，可能會答：「我無事可做。」但他答的是「身緣在路」，表示他還有事，還在路上走。可以據此說他尚未開悟，但也可以說他開悟了，因為無事可做，也無個人的目標，只是隨緣度眾生，所以正在路上走。走的什麼路呢？是慈悲和智慧的菩薩道，也是佛道。

「身緣在路」這句話，對所有的人都有啓示作用。我常說，禪的修行者重視過程，以過程為目標。過程之中有苦有樂，有晴有雨；有時窮山惡水，有時柳暗花明，種種情況都可能發生。人生的路也一如修行的路，既然這段路是自己應該走、必須走的，就要好好走下去。不要埋怨路況糟糕，也不要得意路面平坦，走路就走路！人在一生之中有順有逆，那是各種因緣促成的；路上的情況不論好壞，既然必須通過它，那就勇往直前吧。

神會正在走路，走的是禪修的路、成佛的路。至於不談從哪裡來，往哪裡去，是避免把近程目標當成了終極目標，也避免把階段性的起點當成了最初的起點。只要努力地走，維持大方向，那就好了。有時走路並不需要固定的終點，好比散步、健行是為了練腳力、練身體，身在路上走就是目的。

因此，人在生命的過程中，只要是在往前走，就是在努力、在學習、在進步，未必需要設定一個僵化的目標，也不要一直懸念著起步處對不對。能夠保持著「身緣在路」的態度，一定是一個豐富而有意義的人生了。

# 煩惱即菩提

此句出自《六祖壇經》。在《六祖壇經》中，六祖惠能將這句話做了引申：「前念著境即煩惱，後念離境即菩提。」大意是，前念如果執著境界，對所面臨的環境產生好或壞、有或無等等反應，那就是煩惱；如果念頭一轉，下一念離開前念所產生的種種分別、執著、計較，這就是智慧。

菩提是覺悟、開悟、智慧之意。乍聽之下，似乎離開煩惱就可得到菩提；其實，煩惱和菩提並無不同。這些都是心的作用。如果心中有計較的念頭，那就是煩惱；如果心中沒有計較的念頭，但仍照樣活動、照樣起作用，這就是菩提。

在平常生活中，這種情形太多了。有人要克服困難，結果困難更多；有人要打倒敵人，結果製造更多敵人；有人要追求歡樂，結果歡樂離自己愈來愈遠。那都是因為不明白不論苦難也好、敵人也好、幸福也好，都未離開自己的念頭。自己的念頭如果自私、狹隘，就把自己困住了。

所以，我經常勸煩惱中人一句話：「山不轉路轉，路不轉人轉，人不轉心轉。」如果前面有一座山橫阻著，非撞山不可嗎？爬過山、繞過山要比撞山好多了。當然，你可以鑿一條隧道穿過去，但若僅為你個人通過，用這種方式並不符合效益。

聰明人自己找路走，不會非得如何不可、非達到什麼目的不可。我也常說，世界上沒有一件事是非你不可，也沒有一件事是非我不可。但能讓你去努力的，就應該去努力；應該讓我走過的，就應該走過去。

因此，有智慧的人，隨時隨地過得輕鬆自在；有智慧的人，即使強敵當前也不會感到恐懼。有力量戰鬥就勇往直前，如果被逼到死路，不戰也得死，此時智者既不會恐懼，也不會煩惱；因為既然非死不可的時候到了，恐懼也沒有用。

這裡有兩個重點。第一，世界上沒有一定不得了的事；第二，世界上沒有非我不可、非你不可的事。然而，既然人還在世界上，就要盡現在已有的責任，運用眼前一切資源來做自己應該做的事。這就是智者，既不逃避，也不逞強。

# 直用直行

有僧人問大珠慧海禪師：「如何得解脫？」大珠答：「本自無縛，不用求解，直用直行，是無等等。」

在本則對話中，一方問如何解脫，另一方答說不需要解脫，因為並沒有什麼人綁著你，只要以正直的心做正直的事，那就是解脫。

一般人總覺得自己被環境所困，被他人所擾，被自心的矛盾所惱，而且往往認為是來自環境的困擾而引起內心的矛盾，自己是無辜的受害者。從表面上看，這種想法似乎有些道理，比如把錢存放地下錢莊，結果錢莊倒閉了；放高利貸，希望獲得多一些，卻被黑吃黑吃掉了；投機買股票，卻被股票套牢了……，好像都是環境跟自己過不去。但是請問：究竟是自己願意被它困擾，還是它來困擾你的？

若以鼠籠做比喻，籠中放香餌，為的是引誘老鼠進籠。老鼠明明知道籠中的食物可愛而危險，卻仍願意冒險。聰明的老鼠進了籠，美食下肚且全身而退。幾次僥倖得手之後，膽子愈來愈大，設陷阱的人則把籠子和機關的裝置愈做愈精巧靈敏，老鼠終究還是被抓住了。

人也是如此，想要占便宜，結果遇上金光黨，不但一無所得還損失慘重。聰明人雖然不會上金光黨的當，但比金光黨更厲害的誘惑會使人不知不覺地進入圈套。有的上了當還不知道，時間久了才恍然大悟；有的不是立刻上鉤，而是逐步腐蝕自己才入彀。

因此大珠慧海說：「修行禪法的人，不要老是希望求解脫，希望人家幫你忙來替你解脫。只要你心中不追求什麼、不恐懼什麼、不逃避什麼、無所罣礙，這個時候就是解脫。」罣礙是未得的想追求，已得的怕失去，得到的還嫌不足，患得患失，當然永遠不得解脫。

所謂「直用直行」，是把自己的身心用在當用、該用、值得用的地方，合情合理地運用它，這叫作「直用」。當自己的行為，從口頭、身體、心理等三方面表現出來時，不要扭曲，不要用懷疑的、驕傲的、自卑的、嫉妒的、憤怒的、得意洋洋的態度來表現，就叫作「直行」。否則就像一面凹凸不平的鏡子，反映出來的影像跟環境中真實的事物不相同，自己還以為看得很準、做得很好，其實謬誤百出而不自知，就不能稱為直用直行了。

儒家有交友三要訣：直、諒、多聞。「直」就是正直不阿，這種人可以得到他人的信賴，但正直並不等於剛直。正直是不用扭曲的心對待人、事、物，不是用剛直的心來傷害人。可知，智慧與慈悲兼重並顧的行為，便是直用直行。

# 野鴨子

百丈懷海侍馬祖道一到郊外，見一群野鴨飛過。馬祖問：「那是什麼？」百丈云：「野鴨子。」馬祖再問：「到哪裡去了？」百丈答：「飛過去了。」馬祖回頭扭住百丈的鼻子，百丈痛而大叫，馬祖曰：「又道飛過去也。」百丈因而大悟。

這是禪宗非常著名的一則公案。百丈大師是禪宗開創農禪制度的鼻祖，他開悟的契機是一群飛行中的野鴨子。

馬祖是百丈的師父，指著野鴨明知故問：「那是什麼東西？」百丈答「野鴨子」當然沒錯。馬祖再問野鴨子到哪兒去了，百丈答「飛過去了」，這也不離事實。然而，他的心並不在當下，而是跟著鴨子飛走了。馬祖立即扭住他的鼻子，藉此機緣點醒他：既然當下此刻已經沒有野鴨子這個東西，心中應該不留痕跡，還答什麼

「飛過去了」。而扭鼻子之後的此時此刻正在痛，這就是真實的「現在」。現在最真實，當下最重要，目前最親切。

禪宗主張把心落實於「現在」這一點。然而，現在一滑過就不是現在了，現在若尚未開始也不是現在。所以，究竟有沒有現在呢？如果把過去和未來一切為二，最短促的現在是不存在的，即如《金剛經》所云，過去心、現在心、未來心皆不可得。這是超越於空間和時間的解脫。

不過，人終究是活在這個世界上，既然分分秒秒在時間上移動，就該立足於正在

移動的這一點，踏踏實實地生活。百丈後來主張「一日不作，一日不食」，「作」的原意是勞動、種田、生產。若將此句加以引申，生活就是勞作，而且一舉一動都清清楚楚，身心一致、心口一致，這就是修行，而且是大修行。沒有動作的時候，既沒有他，也沒有我；既沒有時間，也沒有空間。所以「飛過去了」是不存在的一件事，如果還要加以回憶、思索，當然不切實際。

這則公案說明了三點道理：1.現在最重要；2.如果一動，它已經過去；3.如果不動，則根本不存在。既然過去的已不存在，不動的也不存在，還有什麼事情可做？所以，對過去的追憶、懷念、悔恨，對未來的想像、期待、憂慮，對現在的沾沾自喜、疑神疑鬼、忿忿不平等情緒的折磨，也就不會發生了。

# 併卻咽喉唇吻

百丈懷海上堂要求大眾說：「併卻咽喉唇吻，速道將來。」溈山靈祐云：「我不說，請和尚說。」百丈答：「不辭與汝道，久後喪我兒孫。」

這師徒二人在講什麼呢？師父要弟子捨言語而說話，弟子很聰明，師父既然要求他不用嘴巴，他也就不說了，反轉請求師父自己說吧。百丈便答了一句：「這是跟你說不得的，如果我說了，將來我的兒孫就要受害了。」兒孫是指禪宗的後代弟子。

這段對話所透露的消息是無法可說的真理，在佛經中叫作不可思議，也可說是絕對的智慧。有智慧的人沒有一定的話要說，也沒有一定的道理要講。用言語講出來的道理已經不是道理本身的事實，頂多能以旁敲側擊的方法來說明；然而，真實的現象或現象的真實面，永遠不是用語言文字所能完整透徹地表達出來的。

我曾經手持一朵白色的花給聽眾看，說明這朵花和蓮花、含笑花、山茶花、茉莉花各有什麼類似之處。接著我又說：「但它都不是這些花，而且我所形容的跟我手上拿的，是否完全一樣？如果由你們自己來說明這朵花，有一百個人就會有一百種不同的說法。」可見與其用語言文字來描述、說明、解釋、比喻、推敲，不如以實物示人。但眼見之後加以形容，也很難貼切，而且別人跟我說的一定不一樣。因為彼此的生活經驗不同，感受反應不同，所用的語彙也不同。

因此，對於真正的道理不如不說；縱使說了，千萬不要把你所說的當成金科玉律，也不要把自己的所思所言強人接受，最好叫他自己去認識、體會、判斷。各人有各人的想像空間，同樣的一朵白花，在詩人手中會化為優美的詩句；在文盲手中，一朵白花就是一朵白花，甚至是跟一片葉子、一莖草差不多。又如一盆稀珍的金線蘭，只有養蘭、愛蘭、賞蘭的人才知其身價不凡，不懂蘭花的外行人見了，則跟見到一叢金針菜的葉子差不多。

總之，若想表達最高的真理，最好不講話；一旦表達出來，那就不再是真理。有了這項認知之後，對他人所說的意見會予以尊重，對他人所用的語言會加以欣賞，不會以批評、對立的態度看待。因為對方應該有他自己的想法和說法，他的內心世界可能就是這個樣子，也可能他講出來的話並不就是他的內心所體會的那樣，自己又有什麼好煩惱的。

# 一粥一飯

仰山禪師問師父溈山禪師：「和尚您圓寂之後，如果有人問師父的道法是什麼，我該如何回答？」溈山說：「一粥一飯。」

這個禪語的主題是日常生活。以平常心過日子就是最好的修道的方法和弘法的內容。

為什麼說一粥一飯呢？因為在禪宗的寺院，早上吃一餐粥，中午吃一餐飯，晚上不吃東西，一天的生活就是兩餐。溈山禪師這樣回答，是不是說他只吃粥吃飯，其他什麼事也沒有做？是不是說他只是個粥飯僧，是粥桶飯籮？其實，這句話有其深刻的涵義。

日常的生活該怎麼過就怎麼過，而且是在平常心的狀況下度過，心中無牽牽掛掛的事，也沒有憂慮操心的事。不過，要吃粥還是得去煮，要吃飯也得動嘴巴。而飯與粥是怎麼來的呢？有的墾殖、有的培育、有的收割、有的搬運……，這整個過程牽涉到自己和他人的生活，二者結合起來，就有許多事包括在裡面。因此，種種得失、有無、好壞的問題都出來了。

溈山禪師是個智者，處理種種事、應對種種人，都出自一粥一飯的平常生活、平常心態，心中沒有煩惱。在吃飯吃粥時，粥飯有時冷、有時熱，有時多、有時少，有時稀、有時稠……，各種情況都可能發生。不妨以之為「就是這樣過日子」，應該調整就調整，無法調整就接受。推衍開來，應該勸募時就募，應該說法時就說法，應該打坐時就打坐。一切都是非常平常的事。

如果現代人也用「一粥一飯」的態度過日子，會覺得格外充實；而在充實之中，淡泊、安寧、輕鬆、自在，彷彿無事一般。因此，所謂「做一個粥飯僧」有兩層意思：一種是懶和尚，只知吃飯吃粥；另一種是非常精進地生活，淡泊名利，沒有人我的計較。

# 無開口處

石頭希遷禪師問龐蘊居士：「你見老僧以來，日用處如何？」龐蘊答：「若問日用事，即無開口處。」

龐蘊是馬祖道一的弟子，石頭希遷是六祖大師的再傳弟子，與馬祖同輩。石頭禪師問龐蘊：「你自見我以來，在平常生活中如何修行？」龐蘊答道：「你若問我平常生活中如何修行，我開不得口。」為什麼？因為工夫用得綿密時，每一秒鐘、每一個念頭都在用功修行，還有開口的機會嗎？再者，用功修行時的心理過程是那麼地實實在在、滴水不漏，怎麼說得清楚？此外，日常修行的事如人飲水，冷暖自知，一旦說出來，就不是自己所體驗到的那個事實。因此，怎麼樣都無法用嘴巴說得明白。禪宗特別重視無言之教，最好的開示、教訓，是沒有語言的，用語言說出來的乃是等而下之，早已不是事實了。

反觀一般人的生活，每天從早到晚，記得自己做了哪些事情嗎？幾樁例行的公事應該會記得的。用同一把牙刷漱洗同一張嘴巴的牙齒，用同一條毛巾洗同一張臉，每天都相同嘛！但每天真的相同嗎？今天被洗的臉跟昨天一樣嗎？今天的牙刷是昨天的那一把嗎？一般人認為是，其實絕對不是，那只是相似而非真正的就是。昨天是昨天的事，否則東西不會折舊，人也不會老朽了。

所以，今天和昨天有什麼不同，自己應該心知肚明，卻無法用語言表達。想像豐富、妙筆生花的人可能寫得出來，但那是經過渲染的創作，不是真實的反映，因此凡是開口即是錯的。此處不是叫人不要說話、不要寫文章，而是說，語言文字所能表達的，極其

有限，相當膚淺，距離事實真相是很遠的。

石頭和尚問龐蘊如何修行，龐居士已是在日常生活的每一秒鐘之中修行，還有敘述的必要嗎？更重要的是生活得踏踏實實。只要每一個時刻的當下都很認真，每一個念頭的全部都很清楚，這就是修行。用這種態度生活，一定非常充實，不會空虛無聊，不會忙得無奈，不會悶得發慌，不會累得無助，不會高興得發狂。不論在任何情況下，時時刻刻都是新鮮的，事事物物又都是現成的。

# 山下做水牯牛

南泉普願禪師辭世前，門下問：「和尚去世之後將往何處？」南泉答：「山下做一頭水牯牛去。」僧人說：「我也隨你去，可以嗎？」南泉云：「你如果隨我去，就必須啣一莖草來。」

這是師徒二人的對答。師父說他死了之後將到山下做一條大水牛，弟子不解，問師父是否他也可以去做水牛。南泉說：「你如果跟我去的話，就要把草啣著來了。」意思是不是南泉做水牛就不必「啣一莖草」呢？

「啣一莖草」意味著心有罣礙，業障放不下，還不能灑灑脫脫地自由來去。南泉並不是因為造了惡業才去做水牯牛，而是既然有人問他死後會到哪兒去，他也就隨口答說到山下做水牛去也無妨。這不是預言，而是「做什麼都可以」的自在灑脫。大師們往往被弟子預想設定，來生一定再做大菩薩，或者到西方極樂世界，蓮品高超。這都是執著、計較、分別。在解脫自在的禪師心中，做大菩薩或做水牯牛都是相同的，因為他們已是無罣無礙、無所期待、無所畏懼。

因此，不要一口咬定南泉一定會到山下做水牛，重點不在於做水牛而於解脫自在。至於他終究會到哪兒去？這得由因緣而定，看因緣如何需要他、促成他，他就在哪裡出現，即所謂隨緣度眾生、隨類應化、隨方示現。在人之中，可做國王也可做乞丐，可做億萬富翁也可做販夫走卒，可做紳士也可做淑女。沒有挑剔，不做安排，沒有一定要怎樣或不要怎樣。他要打破一般人的觀念，誰說高僧過世，一定會轉世再做高僧或往生佛國淨土？這是有我、有念、有相、有執著。所以當弟子問：「我也可以去做水牛嗎？」這就是執著。師父去做牛，弟子也要去做牛；已悟的師父做牛是隨類應化，未悟的弟子做牛是去隨業受報！

多數人會為自己做生涯規畫，青年、中年、晚年各有藍圖。也可以問一問：每個階段所做的規畫，是否都能如期、如願的實現？畢竟人算不如天算，當初規畫得再完善，一個突然出現的因緣，就會把原先的生涯規畫改變了。所以，規畫縱然要有，如果固執而不知變通，就不免要痛苦終身了。以禪的觀點來看，人生應有立足點、應有大方向，但該如何往前走，就要視因緣而定了。若能懂得隨緣行事，隨遇而安的生活哲學，便會使你活得非常自在，而且左右逢源了。

# 一口吸盡西江水

龐蘊居士參訪馬祖道一禪師，問：「不與萬法為侶者是什麼人？」馬祖說：「待你一口吸盡西江水，我就告訴你。」龐蘊立即開悟。

萬法是一切有形的現象以及一切無形的道理、觀念；舉凡生活中所思、所見、所用、所接觸，全都是法。一般人皆不能離開生活，離開生活就不是人；只要生存一天，只要還有生活的型態，還有身體的活動和心理的活動，就不能離開萬法。那麼，究竟是什麼人才能不與萬法相伴呢？

這句話問得很高明：離開一切相對的事物及觀念，一切不依賴，一切不應用，有這種人，其實就是解脫自在、大徹大悟、無罣無礙的心境。這種人的心境，已不是能夠用語文描述出來的，名詞也好、形容詞也好，都不能代表這個人的廣大心胸。可是即使把這個人帶給你看，你也無法體會他的內心世界有多廣大，容或由第三者向你介紹他或由他自我介紹，也無法講得明白，還不如無言勝有言。所以馬祖說：「等你一口吸盡西江水，我就告訴你。」由於馬祖當時在江西，所指的西江可能是長江或贛江；不論是哪條江的江水，都是絕對無法以一口吸盡的，而龐蘊為何一聽就開悟了呢？很簡單，不與萬法為侶，是有這樣的人，但卻無法想像、揣摩、形容、計較。他當下知道一口吸盡西江水是絕對不可能的，他的期待心馬上就消失了，在他放下對內及對外的揣測追求之時，悟境便現前了。

這個公案對現代人也有啓示作用，大家都在爭論對與錯、是與非、真與假、善與惡等等，其實世間並沒有絕對的真理，只有比較性的、階段性的、區域性的正確，一旦時過境遷，正確的標準也隨著改變，因此，不要以主觀的自己強求他人認同，更不要自以為是真理的代言人。不可以說：「我的發現最正確，我的觀點最標準。」只可以說：「提供我的淺見，請大家參考指教。」

由於標準之外還有標準，正確之後另有正確，就應不斷地吸收新知，虛心地多多學習著尊重他人，看看其他的地方，聽聽別人的意見，然後省察一下自己以為的正確，是否需要修正甚至放棄。

如果別人的看法更周到、更有用、對人更有利，那就捐棄己見，接受他人的看法。如果衡量之下你的觀點、方法確實比別人的高明，那就毫不保留地傾囊提供，和盤托出，但是態度務必謙虛。因為那只是一種暫時的方便，和比較的正確，不是真正的絕對正確。如此一來，對方覺得被尊重而願意接受，大家會因而得利，自己也會繼續進步。

# 抱贓叫屈

大梅法常問馬祖道一：「如何是佛？」馬祖禪師答：「即心是佛。」無門慧開頌曰：「青天白日，切忌尋覓，更問如何，抱贓叫屈。」

其實，我們天天看到這種人，而且自己就是這種人。自己沒有盡到責任還說自己是受害者；自己做錯了事還說環境給他困擾；自己沒辦法掌握、主宰自己的心不受誘惑，反而推諉世風日下、人心不古。這些都是反主為賓、反賓為主的現象。

這句話原來的意思是，自己的煩惱是自己製造的，卻反而怨天尤人。所謂「酒不醉人，人自醉」，自己醉了還說酒害人，誰叫你喝酒呢？酒是無辜的，你會喝醉是因為你無法控制自己、無法管理自己。

現在這個社會，類似的情形很多。人無法做自己的主宰，常受到虛榮心的驅使而陷自己於矛盾衝突中；分明是自己飛蛾投火，反倒說火很可惡。處處都有火是事實，但你明知是陷阱卻要踩進去，還美其名為冒險；冒險時宛如英雄，入了險境卻怨恨別人設陷阱。人會踏入陷阱，多半是受自己的貪心、瞋心、嫉妒心、虛榮心所唆使。社會新聞常報導金光黨扮豬吃老虎，那是因為一時利欲熏心；有的用女色布下仙人跳，也是因為一時色迷心竅。

人如果能夠常常管理自己的心，清清楚楚、明明白白自己在想什麼、做什麼——什麼事應該做、什麼事不能做，什麼東西可以要、什麼東西不能要——那麼，別人即使把贓物丟給你，你也不會接受，更不會去偷去搶。別人要栽贓，一定有他的原因，一旦栽給你，千萬不要接受。事實勝於雄辯，即使別人栽贓，只要你不抱住它，就不會有麻煩。

世界上有許多事真的是冤屈的，只要有機會伸冤，當然要叫屈。不過，抱贓叫屈是自己的確有疏失、有過錯，因而受到指責或制裁，那就應該懺悔，不應掩飾、蒙蓋或推卸責任。智者可以失去一切、可以一無所有，但人格是完整的、清白的。智者不一定永遠不做錯事或永遠不說錯話，但他不推卸責任更不嫁禍於人，心中一片坦蕩蕩。

# 子真牧牛

石鞏慧藏禪師隨馬祖道一禪師出家修行，一日在廚房工作，馬祖問：「你在做什麼？」石鞏答：「牧牛。」馬祖再問：「怎麼牧？」石鞏說：「一迴入草去，便把鼻孔拽來。」馬祖曰：「子真牧牛。」

石鞏禪師出家前是個打獵的粗人，追隨馬祖之後在廚房負責燒柴。一天，馬祖去巡視廚房，問他在做什麼？石鞏說：「我在牧牛。」原始佛典中有牧牛的故事，禪宗也常用牧牛比喻修行，次第敘述如何看守自己的心、訓練自己的心，從煩惱的、雜亂的狀態而達清淨的、統一的、無心的境界，亦即開悟的層次。石鞏說他在牧牛，表示他正在修行，在駕馭自己的心。馬祖再問：「你怎麼看牛？」石鞏答：「只要牛一溜到草堆裡吃草，就把牛鼻子拉回來。」趕牛回家的路上，不能任憑牛隻這裡吃一口莊稼，那裡吃一口青草，否則野性難以馴服。石鞏說他的牧牛方法是拉著牛索加以控制，馬祖遂稱讚他：「你真會看牛。」

有雜思妄念時，就好比心的牛跑去偷吃草，要把它拉回自己正在做的事情上面，心就會安住。比如石鞏在廚房燒柴，若發覺他的心不在燒柴的工作上，馬上把心拉回來。在此不斷地訓練自己，到達念念心無二用的程度，就是禪修的工夫。再以發表談話、撰寫文章、讀誦經典為例，如果談話時雜念起伏，一定語無倫次；如果一邊寫文章一邊胡思亂想，一定無法寫成優美的作品；如果誦經時妄想紛飛，心緒一定無法平穩，即使已能倒背如流，也只似機械性的放送錄音帶。因此，在禪修初期必須練習心無二用的工夫。

此時此刻的石鞏禪師也可能已有一些悟境的體驗，故對他自己心念狀況已很清楚，即使偶有雜念出現，很容易就覺察到，馬上可以安定下來。

有這種修養，他的人格必然相當穩定。對普通人而言，可能經常犯錯而不知錯，經常動壞念頭而不知是壞念頭。如果起了邪念惡念，覺察之後，立刻回到正念；偶爾再起邪念惡念，立刻再度糾正，斷續地發現錯誤，經常地糾正自己，一路下來，你的人格也會愈來愈受他人的尊敬和信賴了。所以不要怕犯錯，只要能在知道錯誤之時馬上悔改，悔改的當下，你便是一位可敬的人。而在某些情況下，雖然不一定認為是你的錯，但已使得別人受到傷害，就當檢討改進。時時做一個知過而能改，並且能夠原諒他人、包容他人的人，不僅使他人得益，也能使自己成長，豈不是非常值得的事呢！

# 一棺兩屍

某僧問大梅法常禪師：「如何是西來意？」大梅云：「西來無意。」鹽官齊安禪師聞之曰：「一個棺材，兩個死屍。」

通常只有孕婦死亡，才會有一屍兩命及一棺兩屍這種事。禪語中出現了這句話，究竟是什麼意思？

「西來意」是指由印度傳來的佛祖的心法，特別是指菩提達摩從南印度帶來中國的禪法。一般人都以為佛陀說法，祖師傳法，法是教典、是相傳的道統，達摩從西天來到東土，是帶著經典、方法和道統的心印而來，師徒之間以心傳心，必定有什麼授受。其實，祖師們從西方的印度來到中國，並沒有帶來任何稱為心法的東西，他們只是來傳達了一個訊息：不論東方、西方，人人都有佛性，處處都是現成的。後來中國的禪師們為考驗禪修者，是否已有悟的經驗，每每會問：「如何是西來意？」如尚未悟，就讓禪修者把它當作話頭來參究，故它已變成一句常用禪語，方便大家用來省思心外無法可求也無道可得的禪法。外行人被這麼一問，多半會聯想到「西來意」是菩提達摩從印度帶來的什麼經、什麼法；但是禪師們用慣了，便知道是問的不可用語言文字表達的心法。

此則公案，是說有一位僧人問大梅禪師「西來意」是什麼？僧人是明知故問，大梅禪師便明白地點出：「西來無意」，這是正確的答案，可是當齊安禪師聽到這段對話，卻冷冷地批評他們說：「這兩個人，好比同一口棺材，裝了兩具死屍。」意思是他們兩人的問答，乃是老僧常談的廢話，已經是死了的公案，不會激發出智慧的火花來，所以等於一口棺材裝了兩具死體，了無生機，不可能使人開悟。而且一個問有，一個答無，只是語言的遊戲，看來有問有答，其實沒有擊中要害，都跟「西來意」沒有通到消息。

大梅法常與鹽官齊安，兩位都是馬祖門下的大匠，應該沒有誰高誰低之別，法常應機而以「西來無意」點醒弟子的問話，也沒有什麼不對，有可能因此而使問話者省悟。但在其他的人如果也是依樣畫葫蘆，照著問答一番，就毫無作用了。齊安為了警惕門人，不得做鸚鵡學語，搬弄已被用過的例子，所以要說那是一口棺材的兩具死屍。目的是令弟子們超越前人所遺的案例，才能發明自家心中的寶藏。

# 有無皆是

有一位居士問西堂智藏禪師：「有無天堂地獄？有無佛法僧寶？……」不論他問什麼，西堂皆答有。居士很困惑：「和尚你這麼說是不是錯了？我曾參徑山和尚，他說一切皆無。」

這則故事接下來還有幾句問答，西堂問居士：「你有妻子嗎？」答：「有。」西堂再問：「徑山和尚有妻子嗎？」答：「無。」西堂說：「這就對了，徑山和尚道無沒有錯，對你而言，說有才正確。」

這位居士明知開悟以後，便能超越天堂地獄，卻故意試探智藏禪師的工夫，也可能是他懷疑徑山和尚的見地，因此以常識上的問題來問智藏禪師，沒想到智藏竟也做常識性的回答。

從凡夫的角度講佛法，因果是一定有的，修五戒十善者生天堂，造五逆十惡者下地獄；有天堂也有地獄。如果不相信有天堂、地獄的因果觀念，便不是佛教徒了。同時，佛教重視佛、法、僧三寶，以三寶做為佛教具體的存在。佛是修行福德智慧，已經圓滿的人；法由佛說，是成佛的方法和道理；僧是清淨生活的受持者，是少欲知足的實踐者。因此，若沒有佛、法、僧三寶，就不是正信的佛教。

問題是，居士曾在徑山和尚那兒聽到他說一切都沒有，當然也對。《金剛經》說「無相」，又說：「凡所有相，皆是虛妄。」天堂、地獄、佛法僧三寶，都是對於凡夫的角度而說有，即是暫有虛設，而非恆有實有；故於徹悟者的立場來看，天堂、地獄、三寶，心有即有，心空即無。徑山和尚為了破除弟子的心障，而以悟者的角度說一切皆無，這位居士認為智藏和尚也會跟徑山一樣這麼說，沒想到這兩位大禪師，一人說無，一人說有，把他搞糊塗了。

已經徹悟已得解脫的人，可以說一切皆無，一切皆空。未解脫開悟的普通人，一定要相信有因有果，樣樣都有，才會認真努力來改善自己，使自己不斷成長。如果認為一切皆無，那就沒有著力點；一旦開了智慧，自然而然會發現「有」是假的，「無」才是真的。不過，未開悟之前固然不要說一切皆無、一切是假，但可從理論上接受它，試著用這種空與無的觀念，消融自我折磨的煩惱執著，也是滿好的。

# 爐中有火

溈山靈祐侍立百丈懷海，百丈說：「你撥撥爐子，看還有沒有火？」溈山撥了一下說：「無火。」百丈起身徹底撥了一撥，撥出一點火來，指著火對溈山說：「這不是火嗎？」溈山大悟。

這樣就能開悟？真是匪夷所思。

那時大概是冬天，百丈禪師希望把爐火重新燃起來，以便取暖，於是吩咐侍者溈山查看爐中有無餘燼，然後添一點燃料進去。溈山撥了一下，看不到火；百丈雖不十分確定有火，但他想碰碰運氣，因此再撥一下，結果撥出一點火來，「這不是火嗎」？溈山看到火馬上開悟。這完全是湊巧，百丈並無「預謀」要藉此讓徒弟開悟。

溈山為什麼會開悟？他已經用功了很久，心中尚無著力點，悟境不現前。在撥火的情境中，他本來以為爐中已經沒有火，經師父一撥，竟然有火了，心頭立刻靈光一閃。他認為不存在的東西實際上是存在的，他沒有看到的東西實際上原本就在那裡。這也正如自己的智慧和悟境，它原本就有，不必在心中增加什麼，也不必向外逐覓。本來以為沒有，其實是自己沒有看到；本來追求開悟，其實悟境一直在自己心中。溈山的開悟，就是這樣引發的。

一生之中，在學業、事業、感情、人際等等方面，多少會遇到危橋險路，一般人很容易對自己所欲追求的目標產生懷疑和失望，因而產生放棄努力的念頭。此時要效法爐中撥火，堅持下去。如果目標得以完成，當然值得歡慶；但有些事無法強求，即使盡了最大的努力仍未竟全功，這也毋須氣餒。失之東隅，收之桑榆，一定會有另一面的收穫，並且獲致珍貴的經驗。

# 蚊子上鐵牛

雲巖曇成問溈山靈祐：「百丈大人相如何？」溈山答：「巍巍堂堂，煒煒煌煌，聲前非聲，色後非色，蚊子上鐵牛，無汝下嘴處。」

百丈是溈山的師父，雲巖是溈山的弟子，從未見過百丈，故問溈山：「百丈的大人相如何？」「大人相」即佛的身相、面相的三十二種特徵，雲巖問的是從百丈大師所表現出來的佛是什麼模樣。溈山先形容他「巍巍堂堂，煒煒煌煌」，非常莊嚴光明；然後說他「聲前非聲，色後非色」，還未開口前沒有聲音，肉身死亡後沒有形體。

為什麼先前形容得有聲有色，後面卻非聲非色？這不是矛盾，是叫雲巖不要執著。你要我形容百丈的大人相，我實在沒辦法說，雖然我有所形容、有所表達、有所說明，但這些都不是百丈的心境、悟境所表現出的佛的境界；一如蚊子上鐵牛，沒有下嘴的地方。

「蚊子上鐵牛」是禪宗的常用語，有兩層涵義。第一，悟境不容置喙，根本開不了口形容。第二，未開悟前的修行過程中，明知目標是一隻鐵牛，你自己是一隻蚊子，仍要繼續不斷叮下去。

從思辨和邏輯的角度看，那是愚蠢的、無聊的；但以用工夫而言，唯有如此才能踏踏實實。既不要用力，同時也不要放棄；既是在用力，同時也不要祈求；既不是等待，同時也要堅持。到最後忘了自己是在用功，也忘了自己是在追求，內外和主客一起放下，這就是悟境現前。

「蚊子上鐵牛」值得做為一般人的生活態度。人總是以眼前的利益為著眼，比如企業體要先算好經濟效益才願意做某筆投資，其實這是做小生意，是循他人的軌跡做後知後覺的生意。

有創意、有遠見、有膽識的事業家，不考慮現在的成本和未來的利潤，只考慮無中生有，以蚊子上鐵牛的傻勁，試圖走出新的路。又如某些藝術創作者，他們不投合時下多數人的口味，其作品也許當時沒有市場，但很可能已經孕育了偉大的、足以傳世的風格。因此，不考量現利而付出奉獻，才是先知先覺者的心懷。

# 喚院主

為山靈祐禪師一日叫喚院主，院主遂來，溈山說：「我叫的是院主，你來做什麼？」院主無言以對。

院主是寺院中的職稱。規模較大的寺院內分幾個院或部門，如東院、西院等等，各有負責人，稱為院主。另一種情況是本寺之外的分院，比如法鼓山是本寺，有許多道場分布在其他縣市，當地的負責人也叫院主。

溈山靈祐禪師當時在溈山，他一喊「院主」，該道場的負責人就來了。溈山說：「我叫的是院主，你來做什麼？」從院主的立場看，他並沒有錯，聽到方丈和尚叫喚，當然要來。但是溈山想在他心無防備的情況下給他當頭一棒，幫助他對悟境的體驗得到一點刺激：1.院主不一定就是你，你不一定就是院主；2.我叫的是院主，你認為你跟院主是同一個東西嗎？3.院主只是個名詞，你是那個名詞嗎?院主尚未開悟,想不透溈山為什麼丟給他這麼一句話,所以無言以對。

如果當時你是院主,聽到溈山叫喚,你去是不去?會不會應答?可能性有兩個。第一,如果你正值用功得力或已開悟,可以不予理睬,甚至可用沒頭沒腦的一個動作或不合邏輯的一句話讓溈山了解你,為你勘驗。第二,你可能像公案中的院主,跑去等待吩咐。

對禪門之外、不準備開悟的人,這個公案也有意義。一般人很容易把職稱或姓名跟自我身心的價值聯想在一起,然後圍繞著這個名字、職稱和自我身心,一個非常堅固的自我中心就產生了。其實,自我、職稱和姓名都是假的,不是絕對不變的。有人讚歎你這位院主,你會眉飛色舞,其實別人所喚的字眼是院主而已,你高興什麼?有人批評、咒罵你的名字,你會氣急敗壞,其實你的名字何嘗是你?可見自己的名字和自己的身心結合之後,其所產生的聯想和煩惱不知凡幾。

自己的身心就是自己嗎?昨天的身心跟今天的一樣嗎?昨天的身心被讚美、被批評,今天的身心並未受同樣待遇,可是我們卻往往一廂情願認定這個身心價值。身心經常在變動、在變化,有不同的段落和過程,若能了解到這個程度,會腳踏實地,以不斷地努力發揮並成長自我。過去、未來、名位、職稱都與自己無關,過得積極、快樂又自在。

# 祖師畫像

唐朝宰相裴休到開元寺敬香，正巧黃檗希運在寺內。裴休問院主牆上的畫像畫的是什麼，院主答：「祖師畫像。」裴休又問：「祖師的畫像在這裡，祖師在哪裡？」院主答不出來。

這是一齣相當精彩的短劇，如果那位院主已經開悟，便不會愕然以對；如果兩人之間是針鋒相對，也能使得其中的一方開悟，可惜裴休聰明而不是禪師，院主老實而尚未開悟，因此裴休希望找到一位能給他答案的人，故問院主：「寺中有禪僧嗎？」院主趕忙把當時在寺中掛單的黃檗希運請出來。裴休問他同一個問題，黃檗沒有正面回答他的問話，倒是大聲喊了「裴休」的名字，裴休當下省悟。

裴休是唐宣宗時代的名臣，曾拜相，秉政五年，後歷任四個地方的節度使，學禪則師事黃檗，禮敬有加。至於他為何會省悟？重點是「現在心」的發明。當他看到祖師像，而問祖師在哪裡時，心是向現在現處以外的過去他方攀緣了。當他正在思索現在過去未來的時間，以及此方及他方的空間問題時，突如其來叫他一聲名字，立即使他游離不定妄想心，落實到了現在此處此人的一點上了。迴轉心來注意到自己的當下，才是最親切的。一般人平常光是把心念放到環境的問題及時間的問題上，所以不明自心，也不見自性，即使黃檗回答他祖師在西方極樂、或在某個佛國淨土、或說遍在於宇宙之間，對他要發明心性的目的，毫無用處，因為那只是信仰的、觀念的、知識的，與他自身的生命沒有交涉。唯有把向外的攀緣心和雜念妄想，緊緊扣住，才會體驗到現在的自己最踏實。自己的問題尚未解決，還問這些不相干的問題做什麼？裴休被出其不意偷襲了一下，頓時在心中放下萬緣，親見自心也是一無所有，這才開悟。這是因為高徒遇上了明師，所以畫龍點睛，一點就能騰空飛去，如果換了別人，縱然黃檗使用相同的手法，可能還無法使他開悟。

這個故事可以說明，禪的悟境之發生，往往是把向外攀緣的心一撥一轉，就像對著一個正在做著白日夢的人，冷不防潑他臉上一杯水，就把他從迷幻之中給潑醒了。

# 老僧好殺

趙州從諗禪師與僧眾遊園，兔子受驚逃走，有人問：「和尚是大善知識，為什麼兔子會害怕？」趙州答：「因為老僧好殺。」

佛經中記載兔子、鴿子等小動物會親近釋迦牟尼佛，一點也不害怕；高僧傳也曾說有些小動物以至毒蛇猛獸會跟祖師大德做朋友，馴良如自家所豢養，甚至形同弟子。像趙州禪師這樣得道的高僧，必然深懷慈悲，具有大感化力，動物應該不會畏懼他。沒想到這隻兔子一看他就溜，豈不怪哉？於是乎有人問：「和尚是大善知識，為什麼兔子會怕你？」

這個情況可以有兩種解釋。第一，即使兔子不怕趙州，但有其他僧眾在場，兔子聽到這種聲音，看到這種場面，還是不免害怕。另一個原因是兔子沒有善根，被人類、動物嚇壞了，凡風吹草動都會逃，哪管趙州慈不慈悲？現在既然有人問，趙州遂答：「因為老僧好殺。」

趙州是否真的好殺？也有兩個可能的答案。第一，老僧我自己不殺生，你們若一定要問，我只好告訴你牠怕我殺牠。其實我殺不殺是我自己的事，兔子認為我好殺，這是牠自己的事，所以跑掉了。

第二，禪者在修行過程中和修行得力後，凡遇境界出現，都不予理會、不予反應，不產生分別心和執著心，這也叫作「殺」。比如文殊師利菩薩有時手持蓮花，有時手執寶劍，那是智慧之劍。不執有、不執空、不執善、不執惡，也不執著有佛、有魔。這把雙刃的寶劍對任何一面都不執著，遇到任何一面都砍掉，保有的是自在的、解脫的、光芒萬丈的大智慧。所謂「兩頭俱坐斷，一劍倚天寒」，逢什麼就破什麼，不正是「好殺」嗎？

一般人遇到失敗的事、出紕漏的事、不名譽的事，常常把責任和過失推給他人，自己撇得一乾二淨。趙州禪師的態度則全然不同。明明是大家一起遊園，為什麼兔子驚逃的責任是趙州首當其衝？但趙州二話不說、乾脆俐落、一肩挑起——「因我好殺，所以牠逃」。

我們做事有人批評、有人抱怨，這究竟是不是自己的責任？先不要撇清，馬上擔負起來處理它，此時至少來自他人的懷疑和責難沒有了，而且處理之後自己也沒有損失。

趙州說「老僧好殺」而擔起責任，弟子並未因此而看不起他，反而覺得這句話有深義，甚且成為修行的方法。所以，挑起責任解決問題後，不但皆大歡喜，也可使別人反省：「為什麼挑起責任的唯他一人？」

# 吃粥洗缽

某僧對趙州從諗禪師說：「弟子迷惘，請師父指示我。」趙州問：「吃粥了沒有？」僧答：「吃了。」趙州說：「洗缽去。」僧悟。

此乃著名的「趙州的粥」。趙州接引弟子的方法五花八門，這是其中之一。這位僧人想要開悟，不得其法，遂請趙州指示。教人開悟是最大的學問，也是最大的難題。

當時應是上午，大約是過堂吃早餐的時間，也可能該位僧人本來不住在趙州的寺院，臨時來掛單。趙州問了一句稀鬆平常的話，而且對應當前正在進行的生活片段：「你吃粥了沒有？」僧人答：「吃了。」趙州說：「那你洗缽去吧！」僧人一聽就開悟了。

是否吃粥、洗缽就能開悟？不是！關鍵在於趙州針對僧人的祈求答非所問，這是最高明的回答。應該吃粥時就吃粥，吃完粥應該洗缽就洗缽；生活的事實和現實不過如此，而悟境不離事實與現實。很多人認為開悟深不可測、玄不可知、妙不可言，其實日常生活一舉一動無一不是真實世界的顯露。只要對當前、當下的生活踏踏實實、認認真真、清清楚楚、明明白白，不扭曲、不妄想、不執著、不分別，當下就是悟，就是佛的心的體驗。

趙州講的話平實無奇，對僧人而言卻如當頭棒喝。他原本認為深奧的、奇特的、玄妙的道理才能通往悟境，不意經趙州簡言一句，悟境現前、煩惱頓消。

禪並不限於出家人在寺院裡用，一般人也應體會「現在最重要」。「現在」不可能有得失的，得失是過去的事，是未來的事，絕不是現在的事。當下即是，一定沒有煩惱。如果努力於當下，對現在就不會計較，對過去、未來就不會有扭曲的想法、說法和做法，周圍的人於你都是如此可愛，他們對你亦有同感，這不就是解脫自在？

# 一日看一字

趙州從諗禪師問弟子：「一日看多少經？」弟子答：「七、八卷或十卷。」趙州說：「你不會看經。」弟子問：「師父一日看多少經？」趙州答：「老僧一日只看一字。」

古代用卷竹寫的佛經，一卷大概一萬字左右，一天看七、八卷、十來卷，這種速度應屬正常，趙州禪師卻說不會看經的人才這樣看，他自己一日只看一個字。

「看一字」很難說是什麼字。趙州曾留下一個「狗子無佛性」的公案，又叫「無」字公案。後人用此「無」字一直參到底，亦即心中不做他想，不斷地問「無」的意思、「無」是什麼。這也可以說只看一個字，可是當時趙州並沒有叫人家看「無」字，而是說他只看一字。「一」可謂統一心、心無二用、一心一意、專心不二。做任何事若能持以專心一意的態度，無事不辦、無事不成。修行時心無二用、心無分別、心無執著，即是在同一個心境下用功，如此一定可以開悟。

「老僧一日只看一字」可能有兩層意思。第一，專心一意；第二，沒有什麼好看，一無所有。佛經雖然是以文字、語言表達理念或方法，可是真正開了悟的人並不需要從字面去理解經文；經文背後所表達的那個最高的、最後的、最究竟的悟境才是重點。所以，不會看經的看文字，會看經的看文字背後的悟境。

# 一物不將來

嚴陽尊者問趙州從諗禪師：「一物不將來時如何？」趙州答：「放下著。」尊者問：「既是一物不將來，還放下個什麼？」趙州說：「放不下，擔取去。」尊者大悟。

這是趙州禪師，幫助嚴陽尊者開悟的一則公案。

我們常聽人說，生不帶來死不帶去，生時兩手空空地來了，死時兩手空空地離開；可是在一般人的經驗中，卻無法做到這個程度，總是有許許多多的牽掛。有人出生時體健家富，有人出生時體弱家貧，這怎麼解釋？難道不是前生帶來的福報和苦報？然而如果真的能夠放得下，就毋須計較有沒有什麼東西，可以在生死之間帶得來、帶得走的。同理，認為自己有福報、有智慧、有立場、有成就，也都是放不下，都是執著、是煩惱、是痛苦的根源。真正有智慧的人，不僅不以為出生時未帶任何一物來，死亡時不帶任何一物走，也不會把前念的過程牽掛到後念的心上；活著時面對現實的環境，盡量做自己能做的事，奉獻自己能奉獻的心力、體力和財力，隨時提起責任，也隨時放下執著。若能如此，就不會有多少煩惱、痛苦、遺憾、渴望、憂慮、悔恨等的困擾來折磨你了。

此處嚴陽尊者的問話，可有兩層意境：一層是怎樣才能算是一物不帶來？另一層是如果真的能有「一物不帶來」的修養工夫，就該是開悟了。未開悟的人又怎麼樣呢？他既擔心不開悟，又想知道開悟怎麼一回事，顯示出他是一個正在被自我的煩惱所困擾的人。因此趙州禪師開示他說：「你放下吧！」意思是叫他放下什麼帶來不帶來的問題。尊者還是未能領會，所以又問：「如果我已一物不曾帶來，那還有什麼需要放下的？」他仍茫然，不知道要放下什麼？如何放下？趙州再幫他一個忙：「好吧！你既然放不下，那就擔起來吧！」

最後一句話使得嚴陽尊者開悟了，那是因為趙州點出：「既然放不下，想必你知道放不下的是什麼？那就把它擔起來呀！」這時尊者驀然回頭一想，既沒有帶來什麼，也沒有什麼是需要擔起來的了，心中豁然，如釋重負，如病頓消，因而開悟了。

的確，生時兩手空空地來，還有什麼好放下的，死時兩手空空地走，還有什麼要擔起的！最痛苦的人，是既放不下又提不起；如果你能做到既提得起也放得下，那就很好；如果你覺得根本沒什麼好提起的，那也不用放下什麼了，那就更輕鬆了。

不過，身為平常人，責任心需要擔起來，執著心應該

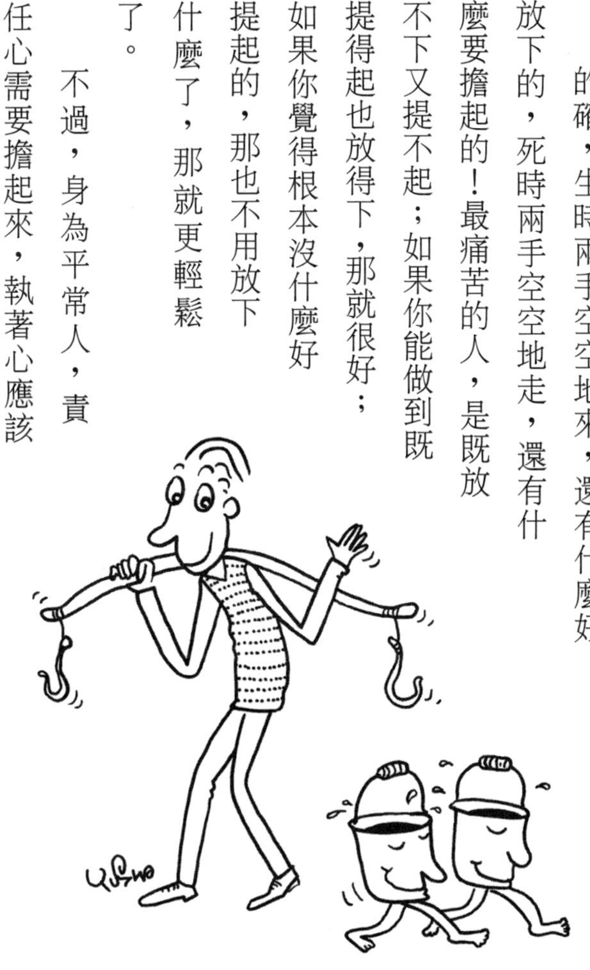

放下些。你具備有什麼身分和職任，就當盡心盡力盡你的責任，對於人人追求執著的金錢、事業、名利、權勢、愛情、兒女等，有了當然好，沒有了你就在心中放下吧。遇到順利當然好，遭到困境，與其氣憤不平，不如退一步想放下吧；萬一放不下，就面對它接受它吧，你就做一個放得下也擔得起的正常人吧！

# 我不會佛法

天皇道悟問石頭希遷禪師：「曹溪意旨誰人得？」石頭答：「會佛法的人得。」道悟遂問石頭和尚：「師父你得到了嗎？」石頭說：「沒有。」道悟再問：「為什麼沒有得到？」石頭答：「我不會佛法。」

從文字、語言來了解佛教義理，等於盲人摸象，不得要領。不少人以為讀很多經典、論典，懂很多佛學名詞，知道很多佛教的歷史掌故，了解各宗各派的理論，就是了解佛法；其實那是佛學，不是佛法。也有一些人懂得如何做一個佛教徒，如何做一個出家人，如何誦經、禮拜、念佛、持咒、打坐，就以為自己明瞭佛法；事實上那是佛教的儀式、表象，不是佛法。

「曹溪意旨誰人得」，是說六祖惠能大師的悟境誰能體會。石頭禪師順著話意說：「體會到佛法的人得到。」弟子再追問：「師父，你已經得到了吧！」石頭禪師竟然說：「我沒有得到，我不懂佛法。」這段對話透露了一點消息。弟子道悟認為佛法是師師相傳的，菩提達摩把佛法從印度帶來，歷數代傳到六祖，再往下傳授，以至石頭禪師。這個觀念全然謬誤。菩提達摩東來之前，中國已有佛法，達摩是來告訴我們這個事實。佛法代代傳承，也不是真有東西可傳，每個人的內心本來就有。

不懂佛法的人，相信有一個東西叫佛法；對已開悟的人而言，佛法並非可以形容、可以取得、可以理會的東西。它處處都在但也處處不在，它樣樣都是但也樣樣不是。石頭希遷說：「我不會佛法。」意思是我無法告訴你佛法是什麼。換個角度看，自我中心之外的一切都是佛法，只要「我」不放下，就不是佛法；離開自我中心就是佛法。因此，「我不會佛法」是一語雙關。第一，佛法無法形容；第二，如果有「我」，就不會佛法。人在世間，眼見、耳聞、身觸，無一不是佛法，無一是佛法；不執著即佛法，一執著即非佛法。這是本則公案的主旨。

# 這裡無奴婢

天皇道悟詣石頭希遷，問：「離卻定慧，以何法示人？」
石頭說：「我這裡無奴婢，離個什麼？」

一般人推崇客觀，視主觀為不公正。但以禪的立場來看，客觀本身即與主觀相對，如果說自己的立場客觀，那其實意味著主觀的成分也在內。因此，主觀、客觀是相對的兩種執著，必須予以超越。

「定」和「慧」是禪宗《六祖壇經》中非常重要的兩項課題，也是禪宗悟境的主要內容——即定之時慧在定，即慧之時定在慧。心不為一切境界，如得失、成敗、善惡、美醜所動，叫作「定」。心雖然不動，但外在環境、一切現象還是清清楚楚地在心中反映出來，不加上主觀的好壞、取捨、愛憎等分別，且以超越客觀的立場來處理環境，這叫作「慧」。

天皇道悟問師父石頭禪師：「如果連定的功能、慧的功能都不用了，你還有什麼東西可以拿來讓人了解、對人說明？」這也等於說：「不用定、不用慧，你的心還有作用嗎？」此問題設下了一個兩難的局面。假如用慧、用定，那是誰在用？一定是主觀的自我。但自我出現，煩惱心必也出現，不再是定慧。可是，離開定慧也就沒有心的作用了。石頭禪師面對這個挑戰，不慌不忙，用了一個高明的比喻：「我這裡沒有奴婢，沒什麼好離開的。」一般人以主觀去與客觀環境相對立，因而有自我的存在；石頭禪師沒有主、客觀的任何東西，沒有任何境界，你叫他離什麼？如果執著於有定有慧，那還是主觀的立場；因此，定慧的功能也是一種執著。真正解脫自在的人，在定慧有功能的時候，不以為那就是定慧，自我中心亦不存在，這才是最高的智慧和禪定。

純客觀才能超越於主觀和客觀。一般人大概不易領悟這種心境，但主觀與客觀的心理狀態應該不難體會、分辨。

# 只圖遮眼

藥山惟儼禪師看經，僧人問：「和尚尋常不許人看經，為什麼卻自看？」藥山說：「我只圖遮眼。」僧人又問：「我能夠效法和尚嗎？」藥山答：「若是你，牛皮也須看透。」

常有人對我訴苦：「佛經看不懂，專有名詞太多，經句、經意很難明白。」記得我師父說過，看經的人可分三種。第一種人抱佛經當成咒語來念，一邊看一邊念，字字分明地念；不需知其內容，目的是藉此使頭腦安靜下來，不再胡思亂想。第二種人是為一窺佛經的內容，因此「循文解義」，從文字表面去理解經中的義理。第三種人以看經做為一種恆課，是生活中的例行事項。這個層次又可分為兩種。第一種是普通的出家人或佛教徒，以信心做課誦、看經，可能是為了求功德。第二種人已開悟，平常生活依然有規律；他看經只看言外之意，也就是佛的心境、悟境、心懷。這等於把他自己跟佛安置在一起，等於面對佛的心。

最後這種看經方式，相當於藥山惟儼把看經當成遮眼的層次。而他的弟子想倣效師父，藥山知其並未開悟，程度不夠，因此要他好好從文字上加以理解。看經時只做到心無雜念是不夠的，一定要理解經的意思，即使韌如牛皮的經也得看破。看破的意思是鑽研、深究，不是看過即了。

# 玄沙救火

雪峰義存一日在僧堂內燒火，把前門後門都關上，大呼：「救火！救火！」弟子玄沙師備從窗外拋進一塊木柴，雪峰就開門出來了。

這則故事，好像雪峰義存在玩把戲，徒弟玄沙師備就索興跟他師父開個玩笑。其實是禪機的表現，並不是兒戲。

僧堂是出家人居住的地方。雪峰也許是因為天冷而烤火，也可能是故意燒了一把火。他把前門後門都關上，然後大喊：「救火！救火！」是要測試弟子們之中，是否有人解答他出的試題。玄沙不是打水去救火，反而丟一塊木柴進去做回應，意思是說，已經了解師父的試題，所以叫雪峰再多燒一把火，另出一個試題吧！結果，雪峰歡歡喜喜地開門走出來了。

如果是一般人，一定會宣告全寺大眾，急忙提水救火。玄沙卻很清楚老和尚在做什麼，乾脆多給他一塊木柴，讓他繼續玩火。明知是失火，還敢火上加薪，絕對不是普通人的膽識，萬一真是師父房間失火，見火不救，鬧出了人命，還能算是出家的修行人嗎？相信當時的玄沙，已從窗中向內看到雪峰燒火的情況，知道並非真的意外失火，而是正在好整以暇地燒火，所以再給他一塊木柴，表示以心印心，心心相印，便是禪機。

類似這樣的舉動，目的是在考驗弟子們的智慧。如果內心不夠寧靜安定，經常妄想紛飛，遇到火警等的突發事件，必然會驚惶失措，不可能有如此細膩的心來觀察體會的。

# 壓良為賤

洞山良价禪師晉謁南泉普願禪師，值馬祖道一忌日，設齋祭祀。南泉問眾僧：「來日為馬師設齋，不知馬師還來不來？」眾皆無對。洞山說：「待有人作伴即來。」南泉聞已讚曰：「此子雖後生，甚堪雕琢。」洞山卻不領情地說：「和尚莫壓良為賤。」

這個公案可以分成兩個部分來看。

第一，禪宗保留了中國慎終追遠的文化傳統，逢傳法老師的忌日要設齋祭祀。但是除了遵從中國祭祖的習俗，也要兼顧禪宗無執著、無相、無我的見地和原則。因此南泉藉著祭祀馬祖道一的機會，提了一個問題給大家：「明天祭祀的時候，你們看馬祖還來不來？」馬祖既已悟道，豈需後人祭他？但僧眾卡在一個想法上：「既然祭他，怎麼又懷疑他來不來？」因此無言以對。

未知的事一旦成為風俗習慣，即使自己不需要、對象不需要，仍須投合大家的需要，讓大家得到安慰、啓示，所以還是要支持。比如社會學家對宗教徒拜拜、祭祀、祈禱等行為予以肯定，但他們本身卻覺得未必需要宗教信仰。

第二，洞山良价禪師已經開悟，因此答道：「馬祖是不會一個人來的，有了伴就會來。」馬祖已經開悟解脱，如果還要依賴別的伴侶、對象，那就不是馬祖了。他這個回答，等於説馬祖不可能來，也不可能有來不來的問題，否則仍有對待。南泉聽了，讚歎這位後生小子是值得造就的璞玉。對一般人而言，這是令人欣喜的肯定，但對已經開悟的洞山而言，這等於否定他已開悟，還在等待他人給他雕琢。所以他對南泉説：「和尚，你不要把良家子弟當成賤民來看，我不是賤民，我已經是良家子弟了。」

洞山禪師是開悟者、解脱者，才會説南泉禪師壓良為賤。至於一般人還不到那個層次，如果被人讚歎還自認委屈，那就有點自大了。

# 好事不如無

有僧人問雪峰義存禪師：「剃髮染衣，受佛依蔭，為什麼不許認佛？」雪峰禪師說：「好事不如無。」

「佛來佛斬，魔來魔斬」是禪宗的精神。如果對於佛有所執著和依賴，即失去自主性。心外的佛幫不了自己的忙，開悟是自己的事；而開悟之後所見的自心中佛，才是可靠的。如果僅僅相信歷史上的佛或心外他方世界的佛，或者依賴菩薩、老師的幫助，很可能會失去對自心是佛的信心，也會喪失努力開發自心佛的毅力。所以禪宗主張自證自悟。

話說回來，歷史上的釋迦牟尼佛開創了佛教，宣說了佛法，使出家僧人憑佛的恩德餘蔭得以專心修道，也使一般的佛教徒受其幫助和恩惠。難怪有人抗議：「禪宗的和尚為什麼連佛都不認，這不是忘恩負義嗎？」其實，前述禪宗的觀點和這個觀點都是對的，只是立場不同而已，二者並未衝突。

不過，「好事不如無」是怎麼回事？一般人認定佛可以依賴、可以信仰、可以祈求，對自己有利益，當然是好事一樁，也因此才會學佛信佛、求佛拜佛、感謝佛。可是雪峰禪師另有卓見。他要弟子斷除對外的攀緣和依賴，把對外依賴的心撥轉頭來發現自己、肯定自己。所以給弟子這句話：「像這樣的好事，寧可沒有；如果一味依賴這樣的好事，就永遠見不到自心是佛了。」對歷史上的佛，固然要感恩，可是應該進一步超越對佛的依賴，也要超越佛所說的教義，不可執著，才能真正得大自在。

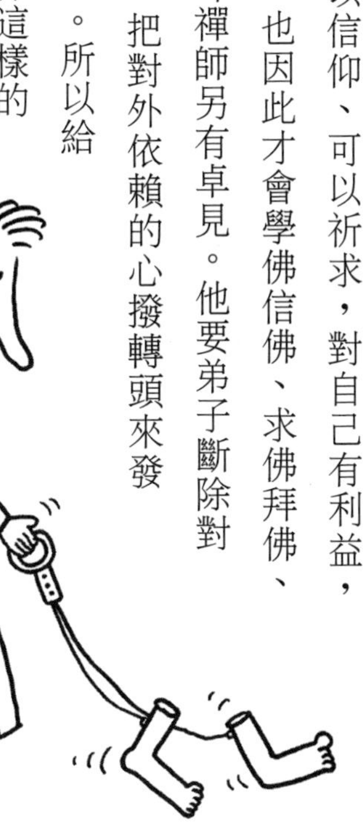

一般人也該學習這個態度，並且分成兩個階段來體會。首先要向古人、今人求取知識、學問和經驗；然後綜合古今，開創自己的天地。鳴前人之所未鳴，見他人之所未見。

# 悟法迷人

有僧人問夾山善會禪師：「祖意和教意是前人所立，和尚為什麼說沒有這些東西？」夾山說：「三年不食飯，目前無飢人。」僧人又問：「既無飢人，我為什麼無法開悟？」夾山即示一頌：「明明無悟法，悟法卻迷人，長舒兩腳睡，無偽亦無真。」

「祖意和教意」，是指佛祖的心意或本意，以及將之發揮成語言文字型態的數理、教規等等。夾山禪師竟然對弟子說：「佛和祖師所留下的文化遺產，不論是思想、語言、文字、形像，全都不是事實；對於真正用功得力的人，就不應介意這些東西。」

面對弟子的反詰，夾山禪師說：「三年不吃飯，眼前並沒有飢餓的人。」很久以來都不吃飯了，也沒看到需要吃飯的人，所以那些東西有什麼必要，有也等於沒有。這是夾山悟後的心境，但僧人並未開悟，所以又問：「既然在你面前沒有飢餓的人，為什麼我不開悟？」夾山開悟後不曾見到飢餓的人，就像釋迦成佛後見到一切衆生皆具備如來的智慧德相，把所有的人都平等看待。不是他缺乏慈悲心，不教別人開悟，而是在他的體驗中，世界上並沒有人需要開悟這椿事。

但在客觀上，未開悟的人就是未開悟，不容置喙。夾山對弟子說明不用開悟的原因：「明明沒有開悟的法，你卻當成有，東奔西走追求開悟，像這樣的話，即使踏破鐵鞋也無覓處，你則因此失去智慧，成了迷人。如果你心中無事，把追求開悟的念頭放下，不執著真也不以為假，這就是悟境。」

我在指導修行時，特別重視過程而不重視追求開悟。過程可使自己的心平靜、明淨，不會被太多的追求心和企圖心障蔽。如果經常保持心的平靜、維持心的平穩，心就能明淨。開悟是一種內心的體驗而不是一樣東西。我常告訴弟子：「只要煩惱愈來愈少，你的心境就愈來愈明。」這就是一種過程的體驗。追求開悟的人非常在乎他人對自己的評價，因此希望早一點開悟，這種追求開悟的心就是執著。還有一些自以為已經開悟的人，其實是被悟的觀念所迷，沉醉在悟境的執著中，非常可憐。也有某些人把類似精神病的症狀當成開悟，其實那是魔境而非悟境，因為他的煩惱還在。

平常生活中盡量不要起嫉妒心、怨恨心、貪求心、吝嗇心、憤怒心、得意心，一旦有這類情緒出現，趕快念佛、觀呼吸、觀念頭的起伏。如果心能立刻靜下來，並且隨時隨地不起煩惱，就是開悟。

夾山禪師與弟子這段對話，對現代人大有啓示：耕耘比收穫重要，過程比目的重要，事實的體驗比虛有的假象重要，內心的平安比虛妄的名相重要。

# 不許夜行，投明須到

趙州從諗問投子大同：「死中得活時如何？」投子答：「不許夜行，投明須到。」

「死中得活時如何？」意思是智慧復甦的時候，悟境現前的時候，除煩惱得菩提的時候，從無明的漫漫長夜進入純智慧大光明世界的時候，也就是「當你開悟的時候是怎麼回事」？開悟後的心境、對世界的體驗、對生活的認識、對人生的看法是否改變？如果變，變到什麼程度？如果不變，為什麼叫開悟？趙州的一句問話，可能包括的問題比我所舉的多得多。

投子禪師並沒有對趙州玩什麼文字遊戲，也沒有兜圈子捉迷藏，而是直話直說：「不許夜行，投明須到。」夜行有兩種意思，一是還在無明煩惱的苦中作樂及黑暗中摸索，另一是見不到他人的光明面，也無法發現自己的光明面，依然我行我素、孤芳自賞；或者渾身都是爛瘡疤，自己不願意承認，也不希望他人看到，這叫夜行。

「投明須到」，是不僅要脫離這種煩惱的心境和黑暗的行為，並且要把心中的智慧之光發揮到極致，同時要在光明中一直走下去，走到成佛為止；不能淺嘗即止，不能得少為足，不能一曝十寒，不能中途變卦。也就是說禪修者的悟境，有淺有深，不要玩弄

小聰明，得到一點小感應就滿足了，必須持之以恆，修福修慧，圓滿最高的佛果。一般的所謂見性，好比已見到青山綠水，但自己仍在青山之外、綠水的遠方，尚未進入實境中去，所以要繼續努力。

對於普通未修禪法的人，這兩句話，也是有用：做人不可鬼鬼祟祟，偷偷摸摸，在人前說人話，在人後說鬼話；必須光明正大，要有

高瞻遠矚的胸襟，要有好事做到底的決心和毅力，不論事業與財富如何，人格的汙點必定會愈來愈少。

# 牛胎生象子

僧人問永明延壽禪師：「學人久在永明，為什麼不會永明家風？」永明要他從「不會處會取」，僧人再問：「不會處如何會？」永明答：「牛胎生象子，碧海起紅塵。」

這是「天下本無事，庸人自擾之」的寫照。很多人認為開悟的境界一定非常深奧、非常玄妙，其實不然。如果能夠把追求心、厭離心以及憂愁和期待等的念頭放下，那就是悟境。

今天有一位居士告訴我，他害病已三年，西醫說他沒病，中醫說他氣虛腎虧，但怎麼治療都無起色，他怕死，問我怎麼辦？我說：「你起初大概太累，夜裡睡不好，白天工作沒精神，又擔心自己生了不得了的怪病，其實根本不是生理的病，是擔心的病。你如果怕死會死得更快。從此不要怕了，該做什麼就做什麼，身體會逐漸好轉。」他聽了以後精神立刻明顯振奮起來。

本則公案裡的出家人投在永明座下已經很久了，但仍不知永明所傳的悟境、禪法是什麼。永明說：「既然不能體會，那你不要體會就是了。」出家人還是不懂：「不體會又怎麼會呢？」永明已經告訴他，無從體會處就是悟境，不要追求體會。沒想到他還是窮追不捨。永明只好說：「我跟你談話是對牛彈琴，好比牛胎生象子，碧海起紅塵。」牛胎不可能生小象，大海不可能揚灰塵，你一再這麼問，等於沒事當有事。聽著！你想要體會的東西一如「龜毛兔角」，根本不存在，放下執著便是。你如果仍然不懂，我再告訴你：「牛胎生象子。」你想有這種事嗎？

永明禪師已經非常明確地告訴僧人，叫他少掛心、少煩心。世間那些杞人憂天、疑神疑鬼、捕風捉影的人，也不妨念念「牛胎生象子」這句話。

# 逢著便殺

「逢著便殺」這句話，出自臨濟義玄禪師的《臨濟語錄》，該段文字是：「爾欲得如法見解，但莫受人惑，向裡向外，逢著便殺。」

臨濟禪師對僧衆講開示，曾談到如何把執著心、攀緣心趕盡殺絕。

凡由嘴巴說出的什麼，全都予以否定；只要你心中冒出念頭，他都給你當頭一棒。舉心動念之間只要把它當成自己的主見、看法、經驗、立場，那就是煩惱，不是智慧。要想真正得到佛法的見解，必得不受他人的迷惑。不管向內向外，凡是心理的、生理的、社會的、自然的現象，一旦對它產生迷思，就應該一刀兩斷。這就是「逢著便殺」。「著」是心中很在乎，不論好壞、內外、善惡等等差別，以及相對的觀念、事物，都要用智慧的劍連根斬絕，才能得到自由的心，那也就是悟境。

人在生命的過程中，不論是物質的或精神的，如果沒有憑藉、依恃，便會覺得缺少保障，沒有安全感，所以會以向內向外的種種現象做為自己的立場和自己的保護膜，而且經常加強這些東西來鞏固自己。其實，保護得愈周密，怕失去的感覺就愈强，煩惱因而增多，那就更不自在了。倒不如把所有一切從心中像開刀切除腫瘤一樣地刮得乾乾淨淨，那才是徹底的自在。

這並不等於説一個自由自在、解脱開悟的人，什麼都沒有了，出家人還是可以有廟，在家人還是可以有家，不論僧俗還是可以有學識、經驗、名位。只不過他不將此當成是自己的安全保障，因為那些東西並不真正可靠。我的師父曾經告訴我：「人在口袋裡和在銀行裡要有錢，在頭腦裡和在你心裡不要有錢。」這句話值得每個人深思。

# 死一回始得

晦庵彌光有一天參問大慧寓廣禪師：「我到這裡一直不能得徹悟經驗，病在何處？」大慧答：「汝病最癖，世醫拱手，何也？別人死了活不得，汝今活了未曾死。要到大安樂田地，須是死一回始得。」

晦庵彌光到大慧禪師座下修行，有了一點心得，但是半生不熟，並未透徹。煩惱固然少了，仍不免有些蛛絲馬跡掛在心頭。他問大慧禪師問題出在哪裡，大慧答：「你的病可嚴重了，世界上沒有醫生救得了你。」

大慧要晦庵去死。死有兩種：一種是肉體的死亡，另一種是煩惱心的消滅。晦庵的肉體沒有死，他的執著心、他的自我中心也還活得好端端的。問題就出在這裡了。第一，他想要徹悟，老是掛念著為什麼還不徹悟。第二，就因為他想到尚未徹悟，煩惱也就更多了一些。病上加病，病入膏肓。所以大慧說，世上的醫生無法治他，乾脆去死吧！怎麼個死法？叫他死掉求徹悟的心，死掉怕煩惱的心，然後一心一意用方法，一心一意過日子。該怎麼過就怎麼過，這就是死掉了攀緣心、追求心、厭惡心、憂慮心。死了之後即能達到大安樂的地步，也就是大解脫、大自在、大悟徹底。

世間也有「置之死地而後生」的說法，背水一戰，孤注一擲，反而可能產生輝煌的成果。不要盼望得到什麼或擔心失去什麼，即連失去生命也不擔心；如果畏首畏尾、瞻前顧後，哪裡也去不了。我指導人修行，往往要求他們要有大死一番的決心，不保留任何一樣自我保障的資源和憑藉。認準情況，下定決心，全力以赴。大死以後就能有大活的境界出現。

# 今日乃知，鼻孔向下

憨山德清禪師將生死去來之疑，冰釋之後，作了一首偈：

「死生晝夜，水流花謝；今日乃知，鼻孔向下。」

這是憨山德清禪師的開悟偈，表達他對生命現象的體認，並且呈現他自己的悟境。

人往往貪生怕死，對生命有無限的貪戀，對死亡有說不出的恐懼，但生與死豈由人自己做得了主！對於死亡的恐懼、害怕、擔心，都沒有用。愈是不想死，可能死得更快；愈是不怕死，不一定就非死不可。開悟的人把生死置之度外，以平等心看待生死，把有生就有死當做自然現象。憨山禪師開悟後，引用幾個比喻來形容他所體驗到的生與死。

他說，生死的現象有如晝夜的關係，有白天就一定有晚上，所以，既然有生就一定會死；即使討厭黑夜畏懼死亡也是徒然，要來的一定會來。生死又像水流，永遠流動不歇，絕不在一點上停留；人的生命由出生至死亡，當然也不能有片刻停滯。水向下流是正常，由生到死也是正常。花開花謝也是自然界的必然現象，花既然不可能永遠開而不謝，人也不可能永遠生存不死。

這些都是非常容易懂得的道理，而且是亙古不變、到處相同的道理。生死平常如自然現象，就如人的鼻孔都是朝下長的，永遠不變，到處相同。因此，若以平常心看生死，生死是平常事，就不必貪生畏死，也不必厭生求死。能夠生存的時候當然要求生，必須要死的時候就迎接死亡吧！

平常人之所以沒有安全感，怕疾病、怕災難、怕死亡，都是因為未能洞察生死現象的自然律則。如果能夠深入體會德清禪師的這兩句話，臨到生死關頭時，就能夠以平常心來對待，也能夠處之泰然了。

# 雜貨鋪

仰山慧寂一日上堂說法：「我這裡是雜貨鋪，有人來找鼠糞，我給他；有人來求真金，我也給他。」

在古代社會，雜貨鋪的功能相當大，凡南貨、北貨、衣食住行的日常用品，乃至包括醫藥金器飾物等等，應有盡有，相當於現代具體而微的百貨公司。

仰山慧寂是一位有教無類、春風化雨的禪師，根器高的人可以從他得到大利益，根器低的人也能得到若干啓發。此在《法華經》中的〈藥草喻品〉，有很貼切的比喻：天降雨水，是普遍而平等的，可是地上的花草樹木，葉莖枝幹，有大有小，根部入土有深有淺，葉片分布有疏有密，所能承受的雨水分量，當然各不相同。仰山接引後進，也有同樣的胸襟，不論資質優劣，凡是有心向學，他是來者不拒，好像有人要黃金，他就給黃金；有人只要老鼠屎，他也給他老鼠屎。不過，仰山所給的是同樣的東西，只因徒眾本身的條件所限，智者從他那兒得到的是貴重的黃金，愚者不識貨，竟把黃金看做鼠糞。

這表示仰山的弟子層次各異。有的善根深厚，親近仰山之後即得大利益，見性開悟，然後各自弘法利生。等而次之的只能得到一些小利益，雖不能開悟，但尚能自飽，聽了一些道理也能現買現賣，轉告他人、幫助他人。再差一等的得到的利益更少，也不能把學到的東西跟別人分享，但至少對自己有一點幫助。

最下一等人雖也在仰山那兒聽法修行，但是沒有成長，反而橫加批評、惹事生非；當他們離開之後，還到處散播偏執之言，誹謗仰山的名聲。還有一種原因是不善運用所學到的觀念和修行方法，遑論實證親驗。他聽的雖是佛法，心中反應的卻是外道法、邪法、魔法。他的觀念、行為的確學自仰山，但他沒有學好、學對，只是帶著成見而來，又抱著偏見離開，還告訴人家這就是仰山的東西，結果害己又害人。這等於在仰山的雜貨鋪得到老鼠屎，到處散放。

佛教道場中龍蛇混雜，有慈悲智慧的傑出弟子，也有頑劣剛强的破壞分子。有人像蜜蜂到各個道場採蜜，然後為人類提供養分；另一種人則是蒼蠅，到處求取需索，留下的是危害他人的病毒細菌。其實，這世界上任何團體皆是如此，只是程度、範圍有別而已。

# 將心守靜，猶未離病

**牛頭法融的《心銘》中，有這樣的兩句話。**

從這兩句話可以理解到，靜坐不等於參禪，靜修不等於學佛，打坐未必能開悟。

中國佛教對於「禪」有兩種定義。其一是由靜坐入禪定，稱為小乘的次第禪，且跟一般宗教的冥想、默禱相通。這些都是將心守靜，把心守於寧靜、安靜、平靜的狀態；淺的層次叫靜坐，深的層次叫禪定。另外一個定義是中國禪宗的「禪悟」，不一定要打坐，只要把身心放鬆、放下。心中沒有任何執著、追求，就能保持寧靜、安定。我曾將之形容為無底的垃圾桶，也是無形的反射鏡。於此境界中沒有煩惱的現象，但有智慧的功能。

牛頭法融的意思是說，如果將心守靜，就還未離開病。「病」是什麼？如果僅是靜坐的安靜，心沒有明，一旦干擾發生，馬上還會受到影響而起波動。難怪守靜習定的人，總是希望單獨躲入深山去或者離群索居；他們厭懼煩囂，喜歡寧靜。這種人即使能入定，在定中沒有煩惱的現象，但是他們的自我中心一直都在。當定力消失而出定時，輕微的問題可能還引不起煩惱，萬一遇到狂風驟雨、跟他自身的利害得失有大衝突時，依然會有貪欲、瞋怒等煩惱出現。因此牛頭禪師認為，這樣的修行法或修行層次，尚未離開煩惱的病。

中國的禪宗雖以打坐做為修行方法之一，然而更重視在十字街頭參禪，在人群之中、市區之內用功。身處人間而不為人間的種種現象所困擾，那才是禪悟的工夫。普通人如果懂得禪悟的意義，並且常常面對環境練習心平氣和，那也可謂近乎禪悟的功能。即使未臻禪悟的境地，工夫日積月累，煩惱的起伏也會愈來愈少，這也是人生的一大幸福。

# 片石在心

羅漢桂琛指著一片石塊對弟子法眼文益說：「祖師們常說三界唯心，萬法唯識；那你認為這片石塊是在心內還是心外？」法眼答：「在心內。」羅漢禪師反問：「你放一片石塊在心頭做什麼？」

羅漢禪師這麼問，分明是在布置兩難的局面。

「三界唯心」是說，一切人、事、物都是從心中出現，又回到心中去。日有所思、夜有所夢的心是唯心；做事會成功是因為有心要做，這更是唯心。萬法唯識的「法」是指一切現象，不論生理、心理或物理現象，都是因人的認識心、執著心、分別心積聚而成為生命主體的業識。如果某人沒有以自我為中心的執著心、分別心，任何現象雖然存在，對此人來說等於不存在。

這兩句話是佛法中的通識、常識，羅漢禪師用它來幫助法眼文

益開悟；不論法眼的答案是什麼，一定免不了挨罵。果然，法眼聽師父這麼一問，念頭一動便答：「既然三界唯心，那麼石頭是在心裡了。」這樣回答既是對也是錯。對是因為「三界唯心，萬法唯識」，錯是因為石頭不可能放到心裡去。因此羅漢禪師當頭給他一棒：「你把石塊放在心頭上做什麼？」

平常形容心中掛著一塊石頭，是表示憂慮、恐懼、不安、沉重；法眼雖然不是這個意思，但還是答錯了。石頭就是石頭。心內不可能放進石頭。而且三界唯心的「心」是說有所執著；石頭在心內是執著有石頭、分別有石頭。這不是開悟的境界。

對一般人來說，所有一切是非、得失、利

害、好壞的事，既要明明白白知道，還要做到不計較，不為是非、得失、利害、好壞而產生內心的痛苦、煩惱、掙扎。這就是不把石塊擱置在心上了！

# 不知最親切

法眼文益禪師參訪羅漢桂琛禪師，羅漢問他將往何處去？法眼答：「迤邐行腳去。」羅漢又問：「行腳要做什麼？」法眼說：「不知道。」羅漢說：「不知最親切。」法眼豁然開悟。

一般人讀萬卷書、行萬里路以充實知識、增廣見聞，是非常好的自我成長。不過，知識見聞雖然可以讓我們開眼界，卻不一定可以讓我們除煩惱。開眼界和除煩惱不一樣；對各種各樣學問的探索，並不等於智慧的開發。禪宗所講的智慧，是把自我中心的立場、角度、判斷都放下，只有絕對客觀的事實，沒有相對的任何執著。一般人只停留在知識見聞的層面，依靠書本、見聞，加上自己的推想、判斷，去從事頭痛醫頭、腳痛醫腳的改善工作，以解決現實生活中的各種問題，卻不能徹底解決來自內心的許多煩惱。

「行腳」是從甲地到乙地，再從乙地到丙地，沒有一定的目的地，也沒有一定的落腳處，有如行雲流水，隨緣遊方，隨處安心。這使得出家人的心中除了求法求師，沒有什麼好追求的，物質上無所擁有，只要一路走下去就好，所以行腳本身就是一種很好的修行方法。

羅漢禪師問弟子法眼文益要到哪裡去？法眼說要自由自在去行腳，師父又問行腳要做什麼？行腳既然是自由自在，本來就沒有要做什麼，對師父這句問話，法眼實在答不出來，只好說：「不知道！」這是老實話，師父卻針對這句老實話予以開示：「不知兩字才是你真正需要的東西。」法眼一聽就開悟了。

法眼為什麼聽了「不知最親切」就開悟？「知」是屬於認識的、分辨的、自我中心的，講「不知」就是放下一切自以為是、知識學問、見聞覺知等的知見障及心障，無我的智慧便能顯現。這種無我的智慧，不能用特定的思想、語言、文字來說明，因此羅漢點出「你說不知道，這才是最要緊的」，亦即點明他，只要離開思想、語言、文字等的依傍就對了。所以法眼開悟。

一般人能不能學習「不知最親切」呢？能，親自去體驗生活，去歷經各種人、事、物的現象，要比透過語言文字更能讓我們領會，否則也不必說「盡在不言中」這句話了。所謂「無言勝有言」，是因為了解到事實的真相之時，就不必再費脣舌。因此，這裡的「不知」並不等於無知。

# 無下手處

石鞏慧藏本為射鹿的獵人，一日遇到馬祖問他：「何不自射？」石鞏說：「若教某甲自射，即無下手處。」馬祖即讚說：「這傢伙的曠劫無明煩惱，今日頓息。」石鞏立即毀棄了弓箭，以刀截髮，隨馬祖出家了。

這則故事，起因於石鞏射鹿，經過馬祖庵前，探問見到中了他箭的鹿否？馬祖問他一箭射幾個，答說一箭射一個，馬祖自稱能夠一箭射一群，石鞏便問：「彼此是命，何用射他一群？」馬祖趁機開導他說：「既知彼此是命，你仍射鹿，何不自射？」石鞏不忍射殺他自己，所以說：「無下手處。」馬祖乘勝追擊，說他無明煩惱今日一下子就要斷了，這正是放下屠刀，立地成佛的一個例子。

這是一則非常有名的公案，其實馬祖不是真的要他一箭射一群鹿，而是另有深意：如果用一支佛法的箭對一群人說法，使得人人受益，就等於一箭射一群。但石鞏當時無法領會，只知打獵的箭一次只能射一隻鹿。一箭射中兩鹿的可能性幾乎沒有，何況一箭射一群呢？尤其一箭射殺一群鹿，未免也太殘忍了。

馬祖發現此人雖以打獵為生，尚有慈悲心腸，所以再用一句話來激他一下：「你既知道鹿也愛惜生命，何不用箭射你自己呢？」石鞏的直接反應是：「用箭射自己，就沒有下手處了。」意思是更加硬不起心了。馬祖再點撥他一次：「既然沒有自射的下手處，那表示你的『自我』是不存在的，今日發現你從曠劫之前以來的自我既不存在，一切使你困擾的無明和煩惱，當然也就不存在了！」石鞏一聽，當場開悟了。其間由打獵殺生而引發了愛憐生命的慈悲心，再以不忍心以箭自射而透露出自我不存在的消息，最後領悟到只要將自我的執著心放下之時，一切的煩惱也就隨著雨霽雲散了。

「無下手處」和「無置喙處」一樣，都表示人世間一切現象如果不以主觀的自我中心去做批判，就能尊重客觀的事實，就能避免自以為是的偏見，也能減少許多不必要的爭執和麻煩了。否則，總覺得主觀的自我和客觀的人事，永遠是對立的，因此都有下手處和置喙處了，也就會不斷地產生折磨自己，也折磨他人的行為了。

# 不為人天來

洞山良价行腳時，迷路誤入龍山，見到龍山和尚。洞山問：「這座山沒有路，和尚你是怎麼進來的？」龍山三問三不知，洞山質問他：「為什麼不知道？」龍山說：「我不為人天來。」

這是已開悟的兩位禪師之間，智慧的對話。

「龍山」是山的名字，也是和尚的名號；「洞山」亦然。洞山到了龍山，見山上密林榛莽，遂問龍山和尚是從哪裡入山的。事實上洞山自己入山的時候，也沒有便道可走，他這是明知故問，想測試龍山是否為有道高僧。龍山答：「我不曾雲水。」天上的雲沒有定處，隨風飄浮；地下的水也不曾佇留，有孔隙就流。雲水就是行腳的意思，不斷從一地到另外一地。龍山這麼回答，表示他不曾出去過，也無所謂從哪裡來，也就是不來不去、無來無去。他既沒有

從一定的地方來，也沒有到一定的地方去，等於在所有的地方。

洞山又問：「你從未行腳，那你在此山住多久了？」龍山答：「春秋不涉。」意味他不管春夏秋冬，是超越時空、大悟徹底的大解脫人。這不是說他的肉身沒有年齡，而是他所證悟的境界與時空不相關。

既然如此，洞山繼續追問，以辨別龍山是真的開悟還是假裝唬人：「那麼，是這座山先在這裡的，還是你先在這裡？」這一問很有意思，還是繞著時間轉圈。龍山答：「不知道。」洞山再問：「為什麼不知道？」龍山答：「我不為人天來。」只有未悟的人類和天神才會計較時空問題，悟境超越時空，所以已經不落於人天層次了。已得解脫的人，不在乎時間和空間，未得解脫的人，不知道什麼是超越時空的境界，對他們說了也等於白說。如果面對一個已經開悟解脫的人，不用討論時空問題，回應一句不知道，那正表示大智若愚，一切的一切盡在不知與無言之中，宛然自在。

# 大好山

某僧問興善惟寬禪師：「如何是道？」惟寬說：「大好山。」僧云：「我問的是道，你為什麼說好山？」惟寬答：「你只知道好山，哪裡達得了道？」

僧人去見惟寬禪師，問他：「如何是道？」希望從他那兒得到一點消息，做為用功或開悟的著力處。這樣的問話在禪門裡經常聽到，但是很難回答。當時惟寬禪師可能看到一座山或心中浮現一座山，就隨口回答「大好山」。這句話本身並無意義，但他答對了。

「道」不離任何時間與空間，順手拈來都是「道」。「道」不會須臾或離任何有形、無形、能讓人接觸或揣摩的東西，但任何有形、無形、可讓人接觸或揣摩的東西都不是「道」，但也就是「道」。易言之，「道」的本身不是具體的東西，但也不離任何具體的東西。所以，當僧人問：「如何是道？」何嘗不能答：「你看到那座好大的山嗎？」或者：「那座大山真好耶！」僧人可能尚未開悟，無法體會，所以質疑：「我問的是道，你為什麼答好山？」僧人也可能故意找碴，既然什麼都是道，為什麼你答的是大好山，而不用其他的話做回覆？惟寬對此評曰：「你只知道好山，哪裡體會得了道？」未悟的人和已悟的人對話時，往往不相應、不相契，不能心心相印。

如果要問「道」，唯有自己體會，任何人都無法告訴你什麼是道，即使他大費脣舌、精密推敲，你也無法從中得到道的消息。因此，禪師會用看來毫不相關的一句話或一個動作來回應，藉此促成問話者另一種體驗或心理反應，此時可能激出智慧或開悟的火花。這是本則公案的精髓。

在日常生活中，能否運用類似的模式做溝通？對生活背景、教育程度有別的人，這種模式可能行不通，牛頭不對馬嘴，必然產生誤會。如果成長環境相同、生活背景相似、教育水準相當，這種對話方式則顯得生動活潑，趣味盎然，富於談話的藝術。比如美國人講的幽默話，只有在美國社會長大的人才聽得津津有味；而中國人的歇後語，只有具中國文化背景或通達中國文化的人才會會心一笑。有時不必用直接的、硬生生的話來訓勉人，不妨旁敲側擊、輕鬆詼諧地把話題扯開，而聽話的人依然知道對方的暗示，這樣效果更好。但若遇到對牛彈琴的情況，最好不用這種方式，否則誤會叢生。

# 不落階級

有人問黃檗希運禪師：「如何可以不落階級？」黃檗答：「終日吃飯，未曾咬著一粒米；終日行，未曾踏著一片地。」

「階級」意為段落、層次。在世俗、世間的現象中，前後、上下、多少、高低……，都是階級。任何一個階段，不論往下走或往上走都是階級。以橫切面來看，每一個階段也都有起伏，不可能一貫平坦。因此，世界上的事不可能不落階級。

佛法的修行有沒有階級呢？有！華嚴宗、天台宗、唯識宗、密宗的修行都有階級。唯獨禪宗不落階級，講的是頓超直入的頓悟法門。有人問黃檗禪師：「不落階級（亦即頓悟法門）是什麼？」這題目很難打發。既然不落階級，等於沒有痕跡；若說佛法平等，等於沒有回答。縱然如此，禪師對初學或未開悟的人會用種種善巧方便來激盪他們的智慧、開發他們的悟境。

因此黃檗說：「終日吃飯，未曾咬著一粒米；終日行，未曾踏著一片地。」

有這種事嗎？根本不可能。黃檗是以此表示：「我不準備回答你的問題，留給你自己去思考。」他雖未正面答覆，卻以鮮明生動的方式傳達了這個訊息，像一幅虛擬的畫面，又像是一幕戲，仔細一看，空無一人，卻又活靈活現，令人印象深刻。這就是智慧。

一般的教育方式或溝通方式當然以明確表達為上，但有些事情不表達比表達好，讓對方自己去發現答案。比如學生已經學了某項數學原則，結果試題中出現了從未見過的相關題目，這是老師為了測驗他解決問題的能力，以及舉一反三的理解力，因此是一則好試題。等而下之的情況是老師把題例都講過，學生把答案都背起來，不靠頭腦即可得分。

身為父母、老師、長官者，不妨運用這種方式激勵晚輩或屬下成長；夫妻、朋友之間也可以隨機活用。這不是玩花樣，而是讓對方獨立思考，提昇智慧，學習解決問題。

# 說似一物即不中

南嶽懷讓參訪六祖惠能，六祖問他從何處來，懷讓答：「從嵩山老安和尚那兒來。」六祖又問：「什麼物？怎麼來？」懷讓不知如何回答，經過八年才有所省悟，對六祖說：「我想通了。」六祖問：「怎麼樣？」懷讓答：「說似一物即不中。」

南嶽懷讓是六祖惠能最有名的兩大弟子之一，另一位是青原行思。懷讓先前已在嵩山老安禪師那兒待了很久，後來去見六祖。六祖問：「你是什麼東西？父母生了你，究竟是從何處來？如何來的？你怎麼來的？」這些都是問的根本問題，問的是父母未生自己之前是什麼？問得很尖銳。這是無法回答的問題，也是回答不完的問題，依照常理，只要回說：「我的名字叫懷讓，是從嵩山的老安禪師那邊來。」就行了。可是他知道，這不是六祖所要的答案。他當時說不出個所以然來，直到過了八年，終於開悟了，才得到了答案，那是不必說也說不清的，如人飲水，冷暖自知，只有體驗，無法言說的實證境界。

「說似一物即不中」的意思是自內證的經驗，自由自在、空曠明淨、一物也無，卻又萬象宛然，不論如何說明、如何描述、如何形容，都不能和盤托出；說自己是什麼、或不是什麼都是錯的，因為樣樣不是，也樣樣是；說自己如何來或不曾如何來，從何處來或不從何處來，也是錯的，因為自己的本性和一切諸佛、一切眾生的本性，不僅相通，根本相同，還有什麼來去問題。尚未開悟的人，有一尊佛在內心深處睡覺，所以不知自己是什麼？也不知何處來？怎麼來的？對已經開悟的人，這尊心中的古佛已經睡醒，發現他一向就未曾離開過自己，哪裡有什麼來去，不過未悟之前與開悟之後，對他的體驗完全不同，還能給他什麼名稱嗎？這尊佛是沒有形像，不能描寫，無法形容，而只能體會的；若能體會到沒有自我中心，沒有煩惱，沒有困擾，沒有來去、得失等相對的執著心，那便是真正的悟境。如果說得出來，就不是那個東西了。

一般人常受風俗習慣及常識性的觀念所影響，很少有獨立自主的體驗和發現，往往人云亦云，隨著環境的風氣弄得團團轉。即使是自己體驗過的事物，一經語言文字形容的說明也會走了樣。禪宗是重視實證經驗的，在通過語文的介紹之後，更重要的事，便是鼓勵你去親自體驗。否則，光是說食畫餅，終究不能充飢。

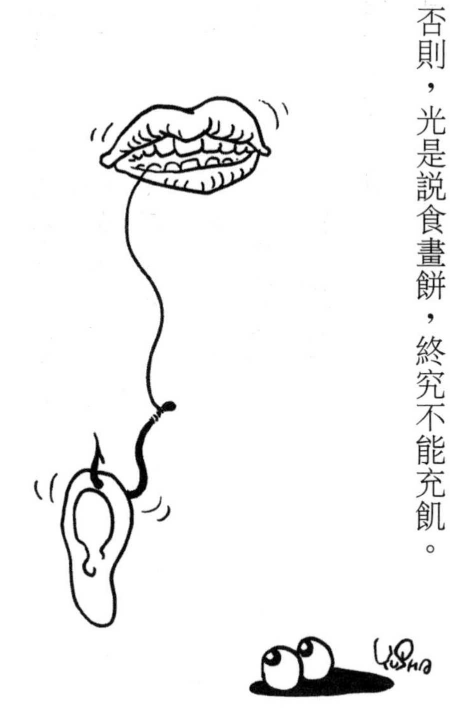

# 懸崖撒手

本句出自無門慧開禪師的偈頌。在《無門關》這本書中的第三十二頌，共有四句：「劍刃上行，冰稜上走，不涉階梯，懸崖撒手。」都是形容禪風的峻險，如背水作戰，讓人有絕處無路才是最好的出路之感。那是由於一位外教的大修行人，來向佛陀問教，題目是「不問有言，不問無言」。釋迦如來未出一言，只是據座而坐，那位外教的大修行人便稱讚佛陀：「世尊大慈大悲，開我迷雲。」世尊也讚他：「如世良馬，見鞭影而行。」意思是不用語言，但有暗示，他就開悟了。

無門禪師對於這則公案的頌讚，是說外教的大修行人及與佛陀之間的問答方式，都出乎常情常態，一者問得奇特，一者表現得孤峻，這種手法，便是禪宗機鋒的最佳例子。若要頓悟禪法，必須放下一切；禪師協助弟子開悟，一定是用直截了當的頓悟法門；這就是教你在「不涉階梯，懸崖撒手」的當下，能夠頓斷我執，頓見佛性。

以一般人的想法，如果身處懸崖峭壁之巔，既無立足點，又得放開著手處，必然墜落崖腳粉身碎骨，死路一條。但做為一個禪修者，必定要有大死一番的決心，有置之死地而後生的心理準備，才能把心中所有的老習慣、舊觀念破除，才能展現出無我的大智慧來。

但是類似的頓悟法門，絕非人人都能窺得見的，現在且從另一個層次來說：開始的時候需有步驟、有階段、有依靠、有著手處和立足點，等到站得相當穩了，心中愈來愈安定，而對於世俗名利權勢等的價值現象，看得明朗，想得豁達，用得自在，收放自如之時，自然而然地不會再把以往所依靠執著的東西當做安全的保障了。這好比學游泳，最初在水中需要有人在旁協助，然後抱著浮囊、救生圈，等到技術精湛之後，就不需要依賴任何東西的幫助了。

禪修者在未徹悟之前，有佛可成，也有煩惱可斷，在修行悟道之後，既不求成佛，也不怕下地獄；事實上他已不需要追求成佛，也用不著怕下地獄。因為追求成佛與怕下地獄，都是尚在未能「懸崖撒手」的依賴階段，如果已經放下萬種牽掛，拋開千種依賴的人，即使到了無間地獄，心中不會感受苦惱，生到佛國淨土，心中不會覺得驕傲。因為他的心中已沒有恐懼什麼，也沒有期待什麼了，所以到任何地方，都能自由自在、無牽無掛。

# 使得十二時

有一僧問趙州從諗禪師：「十二時中如何用心？」趙州說：「汝被十二時辰轉，老僧使得十二時辰。」

在中國古代，十二時辰指的是一日一夜；從午夜子時開始到亥時為止，把一天刻畫成十二個時辰，每一時辰相當於現代的兩小時。通常，人在清醒時，都無法掌控自己的心念，在睡夢中，則更加不用說了。因此有僧問趙州禪師：「像你這樣的得道高僧，想必在十二時中沒有一刻不在用心，這是怎麼辦到的呢？」這位僧人想要知道的，是如何持續不斷地、整日整夜地不起妄想雜念，而能一心專注地修行。

一般人除了睡夢中固然不能專心修行，在清醒時又何嘗能夠專心一意地不起雜念妄想？例如吃飯時心不一定在吃飯，走路時心不一定在走路，甚至談話看書時也可能會想到其他的念頭。心口不能

一致，身心不能一致，往往不能把自己的心念連續不斷地專注在同一樁事情上，禪宗稱這種現象為雜用心；心猿意馬、妄想紛飛，則稱為散亂心。反之，心能集中在一個點上或一件事情上，叫作專心、一心。由心無二用，再進一步到達無心可用，是禪師的真正用心。因此，趙州不回答僧人如此持久用功，卻反過來告訴他：「你是被十二個時辰的雜念妄想所困擾了，而我則是在十二個時辰之中，心不雜亂，甚至根本不用費心，而只有十二個時辰被我用了。」

這則公案的重點是在指出十二時中的每一個當下及當前，最最可貴。不要去想十二個時辰怎麼用心，於每一個現在，馬上用心最可靠！如果老是想到十二個時辰，就把「現在」放棄了。真正會運用時間的人，是分秒不漏的，要用每一極短的現在，來充實自己、淨化自己、成熟自己，協助他人、包容他人，隨時、隨地、隨緣、隨境，都是努力學習、奉獻他人的著力點。他不會耽於思忖：「在這之前是成功或失敗？在這之後是荊棘遍地還是處處芳草？」否則就等於放棄了現在，而攀緣於過去和未來，這便叫作「被十二個時辰轉」了。

# 晝夜一百八

韓文公訪大顛寶通禪師，問：「和尚年紀多大？」大顛提起數珠說：「懂嗎？」韓文公表示不懂，大顛說：「晝夜一百八。」韓文公仍不明白。次日再來，遇首座，把昨天的問題向首座請教，首座叩齒三下。韓文公見到大顛之後，再問一次，大顛亦叩齒三下。韓文公說：「原來佛法無兩般。」

這好像是個猜謎的故事，故事說完謎底也揭曉了，偏偏旁觀者還是莫名其妙，因此成了公案。公案的意思是在禪宗史上發生過的、可以讓人開悟的案例。

韓文公即韓愈，曾上〈諫迎佛骨表〉，反對佛教，結果觸怒唐憲宗而被貶至潮州。到潮州之後聽說有位高僧叫大顛寶通，遂前去拜訪他，因而發生了這個故事。韓愈問大顛多大歲數，大顛拿起數珠，問他懂不懂，他回說不懂，大顛於是說：「晝夜一百八。」韓愈仍然不解。數珠是一百零八顆，代表一百零八個煩惱，數一個數目即除掉一個煩惱，數完一百零八顆，煩惱也就沒有了。不過人的煩惱沒這麼容易斷除，所以始終在數。可是，數念珠好像跟年齡扯不上關係嘛！

第二天，韓愈問大顛座下的上首弟子同一個問題，首座只把上下門牙相叩三下，沉默不語。韓愈見了大顛，鍥而不捨，再問一次，大顛也同樣叩齒三下。當時情況可能是韓愈向大顛反應：「我問你多大年紀，你回我晝夜一百八，首座回我叩齒三下，兩個答法怎麼不一樣？」所以大顛學首座叩齒。接下來就更有意思了——原來佛法無兩般。

你還是不懂吧？其實並不玄奧。出家人的年紀有很多種，本來就不易回答。第一是生年，即出生之後多少年。第二是僧臘，即出家之後多少年。第三是戒臘，即受戒之後多少年。第四是法臘，即開悟以來多少年。但這些都不重要，即使一一交代清楚，也不能代表大顛這個人。最清楚、最實在的是大顛手上拿著的數珠，這才是大顛，其他不論答什麼，都無意義。

但是韓愈無法心領神會，他跟一般人一樣，都是以年齡而不以當下眼前這個人來加以認識。大顛見韓愈不懂，遂再答：「晝夜一百八。」我日日夜夜都是這個樣子的，日日夜夜都是一百八，心境始終一貫。你見到的即是全體，不僅外貌而已，連心境也呈現給你看了。

韓愈更迷糊了，第二天再問首座，首座無從回答，也不需回答，遂以叩齒三下代表全部的答案，其義與大顛相同。可能他當時手中沒有念珠，所以叩齒給他看。當大顛也叩齒三下，韓愈終於明白了。原來佛法無兩般，當下就是這樣，不要再計較、揣摩、想像了。

# 禮佛無所求

黃檗希運在佛殿上禮佛，唐宣宗當時在寺中做沙彌，見此而問黃檗：「不著佛求，不著法求，不著眾（僧）求，長老禮拜為何所求？」黃檗說：「不著佛求，不著法求，不著僧求，常禮如是事。」沙彌說：「用禮何為？」黃檗打他一掌。沙彌抗議說：「你好粗魯。」黃檗一邊回說：「這是什麼地方，豈容你在此說粗說細！」一邊又打沙彌一掌，沙彌只好走開。

「夫求法者，不著佛求，不著法求，不著眾（僧）求。」這幾句話是出於《維摩詰經》的〈不思議品〉。唐宣宗當時在黃檗禪師那兒當沙彌，他一定是看過《維摩詰經》了，而且菩提達摩的〈二入四行〉的第三行，名為無所求。一般人禮拜總是為了祈求什麼，他乍見長老拜佛，信口就問：「經中說不求三寶便為佛法，那你老人家禮佛是求什麼？」黃檗回答他：「經中的確是這麼說的，但我是佛教徒，還是要經常這麼拜啊！」沙彌覺得很奇怪：「既然無所求，為什麼要拜？」黃檗便打了他一巴掌，沙彌並未因此而開悟，反而頂撞他說：「你好粗魯喔！怎麼打人呢？」黃檗又是一掌，叫沙彌別在這兒說粗說細，沙彌這才悻悻然走開。

故事很精彩，一位王子做沙彌，無端挨打。也只有黃檗才敢打他，其實是想幫助他。

禮拜的功能至少有五種：一是為求感應，二是為求懺悔，三是為表感恩，四是為求安心，五是不為什麼。因此，經中只說不著三寶求，並未說不禮拜三寶，禮拜三寶不一定要有所求。不過一般人禮拜總是有所求的，求感應是為消災免難，增福增壽增智慧；求懺悔，在三寶之前承認錯誤，願意承擔一切責任，希望此後不再犯同樣錯誤，希望三寶幫助他、證明他；表示感恩是因為修學佛法而得了離苦的利益；求安心是為了用禮拜的方法來使心能安定、平靜、統一，得禪定開智慧；無所求禮拜，就像黃檗一樣，他已經開悟，已經無所祈求，他不是為了求什麼而拜，只是做一天和尚就該撞一天鐘，做一個佛教徒就該每天要拜佛。

當時的唐宣宗，無法了解黃檗的境界，所以挨了兩巴掌，尚不知道被打的原因是什麼。如果他也跟著一起拜就沒事了，哪來這麼多的妄想、雜念、疑問？難怪討打。

# 空手把鋤頭

此句節自傅大士的禪詩：「空手把鋤頭，步行騎水牛；人從橋上過，橋流水不流。」

傅大士本名傅翕，是梁武帝時代的人，是「中國禪宗」尚未開始之前的一位禪師，先為漁夫，後來捨漁而務農耕。

這首禪詩，作於耕作階段，所講的全是反話。抓了鋤頭但手是空的，騎著水牛卻在步行；人從橋上走過，看到的是橋在流，水沒有流。從一般常識的角度來看，像是語無倫次的瘋癲話。仔細推敲，的確也有它的道理。

空著的手才可能去抓鋤頭，步行的人才可能騎上水牛。過橋的時候，橋在腳下一步步過去，但是水始終都在橋下，倒是橋從腳下流走了。這些都很正常啊！

「空手把鋤頭」是說手上抓住鋤頭時，千萬不要以為你的心從此就被鋤頭占有了，永遠放不下來了；抓了鋤頭時的手依然要自自在在，好像沒有鋤頭一樣。

舉個例子說，你有一棟房子、一輛車子，可不要以為房子、車子永遠是你的，它們只是暫時屬於你的；其實，連自己的身體都不是自己的，何況是身外之物。

有房子、汽車時，當然方便有用，不過心中不宜執著，不用老在擔心房子失火、車子被偷。當然，房子的火險還是要保，車子丟了還是要找，但不要因為有房有車而弄得牽腸掛肚、六神不安。

「步行騎水牛」是說騎著水牛時，不要執著於非得有水牛讓你騎不可，有牛可騎當然好，可是不要貪戀著水牛的方便，你還是隨時可以步行，有沒有水牛騎都可以，騎水牛和步行的心態要完全一樣；有水牛就騎水牛，沒水牛騎就用步行。

「人從橋上過，橋流水不流」，這是另外一個境界了。有些人行色匆匆，今天到東，明天到西，下週往北，再一週又向南行，周而復始地跑來跑去，來來回回，人是一天天老了，環境倒似乎未變。其實先後來到同一個地方，時間不一樣了，景色自然有所差別，環境經常在變，就好比橋一直在流。為什麼說水不流呢？每次看到橋下都有水，所以未曾流掉；流動的狀態與事實永遠不變，就像是說一切現象都是無常，無常的事實永遠不變，所以說水沒有在流，也是事實。易言之，是水流的現象沒有流走。

「空手把鋤頭，步行騎水牛」是有等於無、無等於有，有無不二。「人從橋上過，橋流水不流」是動等於靜、靜等於動，動靜不二。這告訴我們，不要把常識世界當成不變的事實，否則徒增痛苦煩惱；如果能對世界做如此的看法，心胸自然開朗。

# 師姑原是女人作

智通禪師向歸宗智常學法，一天夜裡突然大叫：「我大悟了。」第二天歸宗上堂，問智通昨晚悟出了什麼道理，智通說：「師姑原來是女人作的。」

佛教的出家女性，名為比丘尼，俗稱為尼姑，尊稱為師姑，臺灣很少用這個名詞，中國大陸的內地，也有尊稱比丘尼為師太的。

智通是歸宗的弟子，歸宗則是馬祖的弟子。有天晚上智通突然大叫：「我開悟了。」歸宗耳聞，第二天進入法堂說法時，問智通悟到了什麼，智通說：「我悟到師姑原來是女人作的。」這句話一般人聽了，大概覺得很無聊：尼姑當然是女人作的，這有什麼可悟的？但若明白智通當時的背景情況，就會予以肯定，因為說出這句話，非經長時間的修行之後，而突然心地爆出智慧的光明，是不可得的。

尚未開悟的修行人，總希望開悟成佛得解脫，拚命打坐參禪，但究竟要開什麼悟，他們也弄不清楚，必須到開悟時才明白，而已經開悟的人，卻又從來說不出悟到的道理是什麼樣子。許多修行人修上一輩子，可能還嘗不到開悟的滋味，老師只能為他指點什麼情況不是開悟。直到因緣成熟，老師問他一句話，他不僅能答出來，而且要讓老師滿意，這才算開悟。

「尼姑原來是女人作的」，有點類似「踏破鐵鞋無覓處，得來全不費工夫」。他所追求的東西，天天看到、處處看到、時時看

到，是生活中熟得不能再熟的人、事、物，但未開悟前不知道。心中一直憋著，一直追問開悟是什麼、如何開悟；最後遇到某個人、看到某樁事、聽到某個聲音，心中突然光明一閃，於是開悟了。智通當時正好看到尼姑經過，或者閃過一個跟尼姑有關的念頭，遂脫口而出「原來尼姑是女人作的」。

也曾有一位追求開悟的修行人，某天鼻子撞到門框，痛得舉手去摸，此時他心中突有所悟，於是順口說出：「原來鼻孔是朝下長的。」也有人看到桃花開而開悟，並非鼻孔朝下及桃花開這樣東西、這件事使他開悟，而是當時他接觸到的事物，使他心中產生強烈的反應，霎時之間，把執著全部放下，此時正巧是撞痛鼻子或看到桃花開，於是一個念頭倏然蹦出，遂成為開悟的關鍵。

這種經驗不限於參禪的人才有。有時我們思考一件事情，怎麼想也想不出個所以然來，索性放棄，準備睡覺，這時反倒想出來了。原先腦筋繃得太緊，一旦放鬆之後，問題豁然貫通；向前一步千丈懸崖沒路走，退轉一步海闊天空處處通。其實，如果工夫成熟，退轉一步都是活路可以開悟，向前一步懸崖撒手也可以開悟。

# 一時埋卻

有一個僧人哭著走進法堂，百丈懷海問他怎麼回事？僧人說：「我父母都死了，請和尚選個日子發喪。」百丈答：「一時埋卻。」

晚近的中國禪宗，流行有這麼一個說法：「未悟之前，如喪考妣；開悟之後，更喪考妣。」意思是說，開悟之前是急於為自己的開悟而精進用功，開悟之後已不用為個人的自己打算，但卻進入另一個階段，成了公眾的、大家都要用的工具，更使他忙得席不暇暖、不可開交。

一位出家人哭著走進百丈懷海的法堂，不論他是真的嚎啕大哭，還是現出哭泣的樣子。他是為自己的生死煩惱而著急，希望百丈發現他是有備而來，百丈果然問他為什麼哭，僧人說他的父母都死了，請和尚為他處置。一個普通僧人死了俗家父母，照理不至於要勞動方丈和尚去料理，何況是在方丈和尚說法的時候，提出這樣的請求。他的本意是追求開悟的心情很迫切，迫切到如喪考妣，請百丈協助他。百丈也知道他用意，所以順水推舟地說：「好吧！不但把你父母埋了，也把你埋了，法堂裡的人全都在此時此刻埋掉吧。」

百丈的意思是說，把心中所有的罣礙，不論是個人的、全體的，心內的、心外的都給埋葬掉；這正是要幫助這名僧人及在場聽法大眾，達成開悟目的的一種明快手法。如果心中的一切東西，真的一時埋卻了，便會發現天下本無事，庸人自擾之，悟前和悟後完全是一樣的。開悟之前，沒有必要急迫得像死了父母，開悟之後，更沒有必要因為救度眾生的大責重任那麼繁雜，便產生壓力的心理負擔。所以真正會修行的禪者，悟前勤修戒定慧、息滅貪瞋癡，身心卻不宜緊張；悟後廣結善緣普度眾生，心中卻是了無牽掛，萬事如意。怎麼還需要你如喪考妣與更喪考妣那樣地愴惶奔走失魂落魄呢?所以「一時埋卻」的開示，真像醍醐灌頂，使你透心清涼。

# 雪峰淘米

雪峰義存在洞山良价的道場負責料理伙食，有一次在淘米時，洞山問他：「你是淘沙去米還是淘米去沙？」雪峰說：「沙和米一起淘去。」洞山說：「那大眾吃什麼呢？」雪峰不語，竟把整個米盆翻覆。

雪峰義存是洞山良价的得法弟子。洞山問他是淘米還是淘沙，這句話是多餘的，真正用意是在試探雪峰的反應。正常的反應一定說把沙淘去，把米留下來。但雪峰聽洞山這麼一問，覺得一頭肥羊送上門來了，因此回答：「把米和沙一起淘去。」如果洞山無此一問，他不會這麼想，也不會這麼做，但既然洞山要考驗他有無悟境、有無執著，他便用當下的實際言行來表示了。

沙米一起淘去的涵義，其實很簡單。禪法說要把相對的變成絕對的，然後化為超越的。比如善與惡是相對的，有用與無用是相對的，能吃與不能吃是相對的。要超越到不思善不思惡；不是沒有善惡、不要善惡，而是心中不要為善惡的問題而困擾。在日常生活的觀念中，米是食物，所以留著，沙吃不得，所以淘去；此乃是毋庸置疑的事。但對於已得大解脫的人來說，善與不善既可一體包容，也可一時拋卻，只問當下的活用自在，不必自縛手腳。此處的洞山既然明知故問，雪峰便趁機回答：「米沙一起淘。」洞山再問：「兩樣都不要了，大家吃什麼呢？」這是一般人的想法，沒有了米怎麼成？雪峰聽了，乾脆把米盆全部翻掉。這不是對洞山的抗拒，而是呈現他的心境，正與洞山的問話相反適相成。既沒有沙、也沒有米、也沒有要吃米飯的人，他的心中是不沾點塵、自自然然，是一個大死大活的大自在人。洞山因此不得不承認，雪峰是有道理的。

至於翻掉的米怎麼辦呢？可以撿起來再淘一次，或者再從米缸裡舀出來。一盆米的價錢毋需考慮，雪峰只是藉此呈現心中的無罣無礙、無憂無懼。如果是尚未開悟的人，無論如何也是不敢這麼做的，否則一定受罰。

# 秦時轅轢鑽

雲門文偃往參睦州陳尊宿的時候，一連敲了三天門，好不容易有開口的機會，卻又被堵回去，還因此斷了一隻腳，留下了本則「秦時轅轢鑽」的公案。

當雲門文偃參睦州和尚陳尊宿的時候，尚未開悟。每次文偃去敲門求法，睦州一看是文偃，就馬上關門，一連三天都是如此。最後文偃學聰明了，敲門之後，伺睦州一開門，就先把一隻腳跨入門內，硬是擠進去。睦州一把抓住他，連聲催促：「你快說，你快說！」本來是文偃有話要問睦州，現在反而是睦州叫他快說。文偃楞住了，正考慮該如何回答，睦州不待他回應，一掌把他推出門外，嘴裡還罵了一句：「秦時轅轢鑽。」然後把門關上。可憐文偃留在門內的一隻腳，因而被軋斷了，使他痛徹肺腑！但是他也因此而開悟了。

局外人看這則故事，似乎是鬧劇一場，毫無道理；事實上，在他們師徒之間，的確發生了驚天動地的大事。文偃想知道如何開悟，而睦州想幫他開悟，這二人是心心相印的。因此，睦州採取非常的手段，用「你快説，你快説！」把文偃的心思逼進死胡同裡，到了無路可走而又非走不可的地步。此時文偃已不知道該説什麼，因為在驚悸中出現一片求助而又無助的失落感，真不知如何才好！睦州乘勢又補了一句：「這就像是秦始皇時代用來運載笨重東西的錐子。」這種東西在唐朝時早已棄而不用了，等於是一具笨重的廢物。文偃一心追求的「開悟」，竟被形容為重而無當、笨而無用的「秦時轅轢鑽」；同時他有一隻腳也被軋斷了，這才發現他的身體也是笨重而無用的東西。在此情形下，身和心被睦州逼得放下來了，所以他開悟了。

這則公案帶給我們的啓示是，你想追求的遠大目標，本身就是一項笨重無用的負擔；若有固定不變的目標可資追求，那一定不是可靠的東西。若能把握原則，設定方向，隨順因緣，創造機會，促成因緣的成熟再成熟，便是活活潑潑、自由自在、無往不利的大智慧人。

# 生身父母在深草裡

有僧人問石室善道是否去過五台山，石室說：「去過。」僧人又問是否見到文殊菩薩，石室說：「見過。」僧人問：「文殊向行者說了些什麼？」石室答：「文殊說，你的生身父母在深草裡。」

從文字的表面看來，前段問答有道理，結尾則沒頭沒腦，讓人不易理解。

五台山是中國四大名山之一，傳說是《華嚴經》講的清涼山，是文殊菩薩的道場。因此，「是否去過五台山？」「去過。」「見過文殊菩薩嗎？」「見過。」乍聽之下很平常，沒什麼稀奇。不過，細究起來，文殊菩薩是代表諸佛的智慧，而智慧為一切眾生成佛所必備，故稱文殊菩薩為三世諸佛之母。由這一點來思考，這個故事就有不同角度的解釋法。

僧人問：「到過五台山嗎？」是問「你開悟了沒有」？石室答「去過」，是說他已經開悟。僧人問：「見到文殊菩薩沒有？」是問「你有沒有智慧啊」？石室說：「有啊！」僧人又問：「文殊向你說了些什麼？」意思是智慧是什麼呢？有了智慧的人是怎麼樣的一種境界呢？石室答：「文殊說，生身父母在深草裡。」意思是智慧告訴我們，我們的親生父母（清淨佛性）就在眾生的煩惱之中；諸佛的智慧是從煩惱的眾生群中找到的。諸佛是由眾生之中修成的，佛道的完成是靠救濟眾生的大悲願行，如無眾生可度，也就不可能成佛。深草是指煩惱的眾生群，如果沒有煩惱的眾生群，菩薩就無事可做，智慧也就呈現不出來，成佛之後智慧亦無用武之地。因此，智慧是為了度眾生而有，也就是從煩惱的眾生群中顯現出佛的智慧，有煩惱的眾生才有諸佛的智慧。此處的石室為僧點出：你如希望用智慧會見你佛性的父母，不在別處，就在你深草似的煩惱之中。

這則故事告訴我們，蓮花生於汙泥而不為汙泥所染，但蓮花必須在汙泥中出生，否則無法成為鮮豔的、豐滿的、芬芳的蓮花。對一個修行菩薩道的佛教徒來說，舉凡解脫、智慧和果位等等，都是非常迷人的名詞，但它確確實實就是在人間紅塵中鍛鍊出來的。

煩惱即智慧，智慧出煩惱，未悟之時所見的人世間是迷宮、是火窟，開悟之後所見的人世間是空花、是水月；一般人應該如何看待呢？只要心胸豁達，盡心盡力，人世間既不是天堂，也沒有地獄，它是提供人類努力建設的一片淨土。

# 歸宗拔菜

歸宗智常率僧眾到菜園拔菜，他在一棵菜的周圍畫個圓圈說：「誰也不准動它。」過一會兒歸宗來察看，見到那棵菜還在原地，就以棒子趕走眾僧說：「這群笨僧，沒一個有智慧的。」

歸宗智常是馬祖門下非常傑出的禪師，常常出一些怪招，讓人摸不著邊際，他曾斬蛇，這回則故意在一棵菜的四周畫個圓圈，結果無人敢動那棵菜，反被斥為無智慧。

其實歸宗的動機是想試驗弟子之中，是否有人具備足夠的膽識和見地，能打破畫地自限的藩籬，結果沒有一人通過他的考試。拔菜應該一視同仁，為什麼唯獨不敢動他所圈定的菜？這就是執著於「相」。也許有人認為歸宗喜歡這棵菜，或者要留它做種；這是抱持常識的立場來看歸宗的行為。其實歸宗是要看弟子之中有沒有出格的、不受常情俗見局限的人，結果大家都掉入他的陷阱。於是歸宗用棒子驅趕僧衆，罵他們沒有見地。

釋迦牟尼佛在世説法時，曾經拈花不語，別人不明所以，只有迦葉尊者微笑，知曉佛的心意；歸宗要求僧衆不要拔掉那棵菜，結果大家都未能發現他的禪機。如果有人識破，儘管把菜拔掉，即表示他明白歸宗所要表達的是什麼。

禪師常會用反動作、反詰語來刺激和點撥弟子的悟性，在本則故事中，參與拔菜的出家衆無一人開悟，也許被歸宗一趕之後，才有人後悔：剛才怎麼不把菜拔掉？拔掉就沒事了。不過已經來不及了，當機立斷才是真工夫，事後再揣摩想像，為時已晚。

在現實的生活環境中，人們也經常被許多老掉了牙的風俗習慣和不合時宜的什麼行事條例等所阻嚇，一般人都不敢冒犯，唯有具備膽識和卓見的智者及勇者，才敢挺身而出，推陳出新，倡導改革。

# 眾生心裡出

荷澤神會問六祖惠能：「佛法根源從何而起？」六祖答：「一切眾生心裡出。」

荷澤神會是六祖晚年的一位少年弟子，當時是個沙彌，年紀很小，但頗受六祖器重。

神會問六祖：「佛法的根源從何處來？」佛法的根源即指禪法的根源，也就是智慧的根源。智慧的根源是解脫、涅槃和般若，亦即離苦得樂的結果及方法。通過佛法看到的是眾生的煩惱，運用佛法達到的是解脫自在。一般人以為，佛法出於佛說，六祖卻說，佛法的根源是出於一切衆生的自心。

這必須論及佛的心和衆生的心，是屬於同一個源頭。佛的心是智慧，衆生的心是煩惱，可是它們的本質完全一樣；一個是穩定而不動，所以是智慧；一個是起伏而不定，所以是煩惱。穩定不動的智慧有照明的功能，起伏不定的煩惱在於產生種種人我、是非、得失、利害等等的心理現象。它們是一體的兩面，只要煩惱的心不動，那就是智慧的心；只要煩惱的心尚在波動，智慧的心就顯現不出其功能。以海水為例，波平如鏡時，可以反映種種影像，風吹浪湧時，便無法反映任何景物了。

只要眾生能夠修行而使自己的心平靜安定，不再受大小環境的影響和困擾，那就是與諸佛完全相同的智慧心現前。因此，佛法的根源並非外來，每一位眾生心中，都有現成的佛法。所以可說：「眾生是諸佛心中的眾生，諸佛是眾生心中的諸佛。」佛

心和眾生心，是心心相通的。所不同的是，諸佛已經開悟，所以心能安定而不被境風動搖；眾生還在執迷不悟，所以經常隨著各種情況起落，而被困擾，也困擾他人。

# 不肯承當

藥山惟儼問高沙彌：「聽說長安很熱鬧？」高沙彌說：「長安是很熱鬧，但我的心很平靜祥和。」藥山問他：「你這個境界是從看佛經得到的，還是向老師請教以後得到的？」高沙彌說：「都不是。」藥山又問：「很多人跟你一樣，不看佛經也不向老師請益，為什麼他們得不到？」高沙彌答：「不是他們得不到，而是他們不肯承當。」

本則講的是身處鬧市仍能保持平靜祥和的心，這是來自觀念上的認知以及修行禪定的工夫。如果僅有認知，並不易達到這個境地；如果僅靠定功，出定一久也不易把握維持。唯有從觀念上時時提醒自己勉勵自己，同時在內心的訓練上經常注意心中的平靜與安定，二者相輔相成，就能恆常處於心平氣和的狀態。

高沙彌這位小和尚已有這麼深厚的工夫，實屬不易。藥山問他是從經中看到的還是哪一位善知識教他的，他說都不是。藥山又問：「很多人都跟你一樣，不看佛經也沒有老師教，為什麼達不到你這樣的程度？」他回說：「只因他們不肯承當。」也就是說，他是能夠承擔，所以自悟自證不假外求。承擔是內心的工夫，隨時隨地把生命投注在內心的平靜狀態以及平日所吸收的觀念上。佛經和老師對他一定有所啓示和教導，但這都已變成他自己內在生命的一部分，所以他已獨立自主，他的境界已不等於來自佛經或老師，否則僅是知識性的觀念而已。如係來自佛經及老師，很可能知識止於知識，教訓歸於教訓，跟他內在的生命，無法結為一體。那對於他的舊觀念、老習慣的改善，並不能產生決定性的功能。

有些知識分子，看過不少佛書佛經，也有能力講解佛經和祖師的論典，並且自以為能夠助人明心見性，但他們自己的身、口、意三類行為，所謂七情六欲，都與一般人沒有兩樣，比如高傲、自負、要面子、鬥勝負、論人臧否、計較金錢、兩舌、惡口、酗酒、耽淫，甚至搞婚外情。照道理他們既然懂得佛理，應該不至於如此，可見他們具備的知識學問和內心世界的人格修養，並不相應，這便是不肯承擔，不肯把佛經和老師的教示從內心加以體驗、實踐。高沙彌已能做到如此，所以在任何情況下，他的心都是平靜祥和的。

# 如蟲禦木

溈山靈祐開悟的第二天，和百丈懷海一起上山工作。百丈問他有沒有帶火種來，溈山說有，百丈問火種在哪裡，溈山撿了一枝柴吹兩下，然後交給百丈。百丈說：「如蟲禦木。」

溈山靈祐開悟後，百丈問他要火種，溈山給的不是火，而是柴，自己還吹了兩下，表示這就是火。百丈便引了一個「如蟲禦木，偶爾成文」的古喻，表示承認他的悟境是瞎貓碰到死老鼠給碰中了。如果溈山真的給百丈火種，或者去找火種，那就不是表示開悟者的反應了。

百丈問溈山有沒有帶火種，不是指真的火，而是說你昨天開悟了，悟的是什麼呢？有沒有把開悟後的智慧帶來給我看呢？溈山當然說他已帶有火種。老師要看智慧的火，弟子聽懂了，此非語言動作可以形容表達的，也不是能用形象可以呈現的，否則就不是無我的智慧，而是伶俐的聰明。所以他順手撿了一根樹枝吹兩下，交給百丈，表示：「你要的火，在這兒了。」借用這根樹枝，傳遞了師徒二人之間心心相印的消息。

百丈用「如蟲禦木」這句話來讚歎他。如蛀蟲食木皮，也能偶然形成文字的樣子，但它不是刻意的，現在溈山不經意地拿起樹枝吹兩下，也沒什麼玄機，只在表達他們兩人分享的悟境。因為百丈看到溈山如此自然的表現，也不必再說什麼了，那就像蛀木蟲蛀著木頭，偶爾會現出文字圖案一般地自然。話說回來，如果溈山沒有開悟，百丈向他要火種，他會真的去找火種來，那就等於臺灣的諺語所說「雞同鴨講」了。

這則公案，說明了禪宗的開悟，是不假造作的，修行者固然需要做禪修的工夫，但也不是你想開悟就能開悟的。唯有抱持著只顧耕耘不問收穫的精神，努力以赴就好，當在水到渠成之時，機緣成熟之日，悟境自然出現。

# 腳跟猶未點地

雪峰義存一日上堂說法：「要知此事，猶如古鏡當台，胡來胡現，漢來漢現。」玄沙師備詰問：「萬一明鏡破了怎麼辦？」雪峰答：「胡漢俱隱。」玄沙說：「老和尚腳跟猶未點地。」

這是為了徹底破除執著。凡是執有執空都是錯，或有或無都是錯，或現胡人或現漢人也都錯，凡有兩端相對的都是錯。禪悟者的心境，不僅是平等統一的，更是超越於一或異、有或無之外的絕對自在。

禪者所見的統一，是內外統一、前後統一、彼此統一，沒有異端，不落極端。現象上雖有善惡正邪之別，存心上一律都以無我的智慧處理，一律都以無私的慈悲對待。這就是《六祖壇經》所謂的生死即涅槃、煩惱即菩提，也像《心經》所說的色不異空、空不異

色的道理。一切的兩端，相即相通，又不互相混淆，這是佛法的基本認識。一般人則善惡分明者嫉惡如仇，鉅細靡遺者斤斤計較，是非清楚者憤世嫉俗。這種態度對一般人而言，雖然是正常的反應，但也由於把是非善惡、人我恩仇的界限，劃分得太清楚，遂形成兩個極端，既使他人頗不舒坦，自己的一生，也都被困在煩惱之中。所以佛法要我們匯同來看，從有差別而體會無差別；在認識上，當然應該要有差別，就自我設定的立場上，必須有包容異己，同情異端的平等心和統一心。

所謂超越，是超越於有無、黑白、善惡等差別心之外，也要超越於平等的統一心之外，才是禪法的實證者及開悟者。超越並不等於否定，而是承認其存在，但不在乎它的存在對自己會產生什麼影響，不以自己所設的立場來衡量一切事物的對錯好壞。換句話說，差別現象是存在的，那是大家的立場，卻不會考慮個人的立場。這樣一定能夠愉快地處理問題，而又不至於把自己捲入問題的漩渦。

雪峰告訴大衆，若要知道離煩惱、得智慧、明心見性的事，就如一面古老的銅鏡架在鏡枱上，胡人經過時，鏡中有現有隱的，是胡人的影子；漢人經過時，鏡中有現有隱的，是漢人的影子。玄沙師備在一旁聽了，拋出一個疑問：「如果鏡子打破了，怎麼辦？」其實《六祖壇經》已經說過：「菩提本無樹，明鏡亦非台。」六祖早已為大家打破了那面鏡子，玄沙便撿個現成的話題問雪峰。雪峰上堂，本來是說法給一般人聽的，是比喻悟後智慧的功能，只有純客觀的反映，沒有成見的自我中心，所以他這麼說並沒有錯，但在玄沙覺得此語尚有語病，可能會被誤認悟後的人，真有一座明鏡，反而成了心障，硬是要把這面假設的鏡子打破。雪峰對玄沙的問題順口答道：「鏡子破了，胡人、漢人也都不見了。」這也沒有錯，智慧隱沒時，反映的功能也就產生不出了。不過鏡子打破之後，鏡裡的胡人、漢人雖然沒有了，但鏡外的胡人、漢人還在哩！怎麼辦？所以玄沙為聽法的大衆點出了更高深更超越的意境：「以老和尚這麼說，表示你的腳跟尚沒有著地。」意思是說，若就這幾句話的程度判斷，你的工夫尚不夠踏實，你的意境尚不夠透徹。什麼有啊！沒有啊！都是執著。超越有無，才是徹頭徹尾把時空問題解決了。

這種禪門師徒對話的方式，稱為「超佛越祖」，並不表示弟子的悟境高於師父，只是藉著師徒的對話，破除大衆對於權威、偶像及特定言論觀念的崇拜執著，使得禪修者擺脫一切的依靠憑藉，當下就能見到自己的本來面目。尚未開悟，只是當時他所表達的不是最高的層次，而由玄沙師備把它點出來了。

# 長空不礙白雲飛

天皇道悟問石頭希遷禪師：「如何是佛法大意？」石頭答：「不得，不知。」道悟再問：「向上是否還有轉處？」石頭說：「長空不礙白雲飛。」

「佛法大意」乃指禪法的精義或禪的心法，亦指諸佛諸祖所共同體驗到的悟境。道悟問石頭如何是佛法大意，石頭答說：「無從得到，無從知道。」意思是不能以互相授受的方式來得到、知道。道悟頗感為難，既然得不到又不知道，怎麼辦？因此再問：「是否有開悟成佛的竅門？能給我一點啓示嗎？」「向上」即是開悟成佛的竅門。石頭告訴他：「長空不礙白雲飛。」

好一片萬里長空，任由白雲飛舞飄遊。這究竟何所指呢？正是悟後的心境。悟後的人，心中並非渺渺茫茫或空無所有。你看，長空有日月星辰，有飛鳥雲霞，不是空空蕩蕩的。悟者心中不起煩惱，但環境中的任何現象境界都可以在他心中出現；所出現的固然有形、有像、有對立、有差別，可是並不會困擾他。也就是說，雖然一切現象都存在，悟境的智慧卻不會受影響。彷如白雲在長空愛怎麼飛舞就怎麼飛舞，但它不會妨礙長空，長空也不會因而改變。

悟道的人仍身在世間，仍與世間的人、事、物接觸，世間一切人、事、物都到他心中來，但他不抗拒也不占有。這些現象在他心中自然生滅，跟他自己卻沒有關係。大智慧的人正是如此，不會受好壞、是非、善惡等等現象所困擾，但他還是能夠容受它們且處理它們。

# 自有娘生褲

雲居道膺派侍者送一條褲子給一苦行僧，此僧說：「自有娘生褲。」雲居再派侍者去問他：「你娘還沒有生你之前，你穿的又是什麼？」此僧答不出來。當此僧過世之後火化，燒出一些舍利，雲居慨歎：「就算燒出八斛四斗的舍利，也不如當時答出我的問題來得好啊！」

本則公案點出兩個主題：一是生生世世的修行功德，二是活著時的開悟，要比死後燒出舍利的感應更重要。

娘生的褲子，指的是與生俱來的本錢。對肉體而言，衣服是生出來之後才穿上的；對心靈而言，肉體就是給心靈穿上的衣服。如果肉體沒有衣服，既失禮儀，也無禦寒之物；如果心靈沒有身體，就成了沒有著力點的遊魂。所以，我們有兩套衣服，一套是心靈的衣服，另一套是身體的衣服。肉體是心靈的軀殼，衣服是肉體的外套。其實，尚有第三套衣服，就是在內心深處，所依賴的自我執著。

故事中的苦行僧，自認為道行很高，他說「自有娘生褲」，是表示他從娘胎裡就帶了褲子來了，這付肉體就是娘生的褲子，已經穿在心靈的外面了，所以婉拒雲居的饋贈。問題是，他只從人的生與死，而理解到肉體和精神之間的關係，他知道肉體是精神的包裝物，但他並未體會出，被娘生的褲子所包裝的心，是什麼東西；亦即肉體中所存在的「自我」是什麼，他還茫然無知！

娘尚未生你之前，穿的是什麼呢？意思是你在生死之間，做為自己能知、能行、能表現、能穿著的肉體是什麼？有人說那是靈魂，但那靈魂所依靠的又是什麼？對於一個尚未開悟的人而言，遇到這樣深刻尖銳的問話，不論答穿什麼或不穿什麼都不對勁，所以是啞口無言；因為他對自己在生死之間來來去去的那個東西是什麼，尚弄不清楚，所以愕然無語。

修行人死後火化，燒出一些舍利，雲居替他可惜，即使燒出再多舍利，縱然有釋迦世尊荼毘之後，留下八斛四斗那麼多，也不如當時能答出那個問題來得實在，因為他的第三條褌子還是穿得牢牢地沒有脫下。燒出舍利是感應，表示他有善根有修行，但並不意味他已悟道得解脫。由此可以解答一個問題：許多佛教徒認為燒出舍利是瑞相，當然不錯，但不等於禪宗的明心見性與自在解脫。

# 法堂倒了

藥山惟儼辭世前大喊：「法堂要倒了！法堂要倒了！」僧眾都去拿柱子來撐法堂。藥山舉起手說：「你們都不懂我的意思。」說完便圓寂了。

藥山惟儼所講的法堂，和弟子群心中所想的法堂不一樣。僧眾所知的法堂，是方丈和尚說法的講堂。可是對藥山而言，他的心中有許多眾生，他的身體就是一座法堂，在世時用它來教化度眾，如今他要離開人間了，再也無法用這座法堂來說法，因此宣說，法堂要倒了。

僧眾不知藥山講的法堂是他自己的身體，還以為是寺中的建築物，那座用來說法的講堂要塌了，所以搬了許多柱子去撐持。藥山說：「你們都不明白我的意思。」說完就去世了。弟子們這才會過意來；從此以後他們再也聽不到這座法堂中的師父說法了。

在禪宗的寺院中，法堂比禪堂重要。禪堂是打坐的地方，法堂是大和尚説法的地方。上堂説法時，集合全寺僧衆聽開示，往往能以精簡的法語，使得弟子開悟；或者在開示數語之後，立即出其不意地出題發問，逼使弟子開悟；或有大衆之中的某人因疑發問，大和尚只需用旁敲側擊的機鋒，一點一撥，就能使之開悟。如今法堂一倒，僧衆們也就失去開悟的機會了。

其實人人都有一座屬於自己的法堂，只是多數人的法堂還沒有剪綵，還沒有派上用場。藥山的法堂倒了，鼓勵大衆把各人自己的法堂早日剪綵開張；不論在當時的大衆聽懂了沒有，直到現在，對於我們，還是非常有用。

# 石頭出汗

**有僧人問石霜慶諸：「如何是和尚本分事？」石霜答：「石頭還會出汗嗎？」**

本分事是成佛、開悟、解脫、救度眾生等的大事。凡是已經大悟的人，一定會以大慈悲心來廣度眾生，如果不度眾生，縱然開悟也不能成佛，所以其本分事中的最大項目乃是廣度眾生的大事。然而，正在盡職盡分做著本分事的諸佛菩薩、諸大禪師是否還認為有本分事需要做呢？

佛法講到有為與無為。有為是自覺有份責任，完成之後希冀得到酬勞果報；無為則適巧相反，一個大徹大悟的人，豈會心中掛著責任且希求回饋？因此，你問石霜慶諸的本分事，等於是問石頭會出汗嗎？沒這回事。

石頭是無生物，本身不會出汗。以此比喻已經徹悟的人，雖然積極地度化眾生，卻無責任的壓力，雖然永遠地奉獻他人，卻未想到功德的果報；無罣無礙，不取不捨，怎麼還會有什麼是本分事呢？本分事是有的，但已開悟的人不會談他的本分事，他與他的本分事已經合而為一，已經超越了對立和統一，哪裡還用談他的本分事是什麼呢？至於未開悟的人，則需相信人人皆有本分事，且要努力去完成這樁本分事。

不過本分事也可分做現前的和終極的。開悟乃至成佛，是我們終極的本分事。做一日和尚撞一日鐘，是目前的本分事，有什麼立場說什麼話，是什麼身分盡什麼責任，是現前的本分事。

例如為人父母的本分事，就是盡心盡力養育兒女，成材成器，但不要指望兒女的回饋。為人兒女的本分事，就是盡心盡力孝養父母，安養天年，但不要計較父母給了多少財產和照顧。

為善不欲人知，布施不求回報，因為行善布施是佛教徒的本分事；感恩圖報也是一般人的本分事。若能各自都盡自己的本分事，這個世界，就是人間淨土。石霜慶諸說，石頭不會出汗，是教我們在盡心盡力的同時，卻不一定要有成就感和期待心，否則便會與煩惱相應了。

# 前也常坦，後也常坦

常坦曾向藥山惟儼求法，因為沒有收穫而離開了，後來再度向藥山求教。藥山問：「你是誰啊？」常坦答：「我是常坦。」藥山說：「前也常坦，後也常坦。」

常坦在藥山惟儼座下修行了一段日子，內心沒有得到著力點和歇腳處，所以離開了。這種例子在禪宗史上很常見。弟子追隨老師，有的聽老師說法，甚至幫老師弘法，有的只在該處修苦行服勞役，比如打掃廁所、種田、挑水、燒火、煮飯等，很難進入法堂聽老師說法。六祖惠能當年在五祖弘忍座下正是如此，他初期並未聽到五祖說法，只在作坊舂米。有些人即使未曾聽過老師開示也會開悟；有的天天聽老師開示，學到很多知識、學問、名詞、觀念，卻仍不開悟，他們可能因而認為老師不想幫助或無法幫助，於是選擇離開。

常坦就是這樣的人，而他離開之後，又再回到藥山座前求教，這種情形也不少。有人到外面轉了幾圈，雖然找到明師，仍然未能開悟，想想原先的老師還不錯，所以又回去了；有的則是被其他的明師勸導，回到原處去的。

常坦二度求教，藥山問他是誰，這當然是明知故問；常坦說：「我是常坦。」這當然也是藥山意料中事，他對常坦說：「沒出去之前是常坦，回來之後還是常坦。」這有兩層意思：一是你在來去之間還是同一個人，二是不論你生前死後，不論你在無量世之前、到無量世之後，你的佛性、你的常住不變的真如妙心，一直都在那裡。人的相貌、年齡和生活環境一直在變，而真如、佛性、清淨的智慧則永遠是現成的。開悟之前，與開悟之後，都是相。如果常坦的時機已成熟，聽到這句話之後，一定會開悟。一般人為了追求幸福，夜以繼日，汲汲營營，心中老是向外追求，可是不論得到什麼，都不覺得是終極的幸福。也許有一天驀然回首，發現只要內心安定知足，幸福就在面前。

# 一得一失

僧眾參問法眼文益，法眼以手指指著門簾卻不說話，有兩僧在旁，同時去捲門簾，法眼說：「一得一失。」

法眼文益坐在房間裡，對著僧眾手指門簾，意思是他想出去呢？還是因為房內太暗，希望透點光進來？不得而知。有兩僧看到法眼的動作，就一同去把門簾捲起，法眼為何要說「一得一失」？

這可有兩層涵義：一是從常識的立場判斷，這兩人的想法不同，所以一僧懂得，一僧不懂。假設法眼真正的意思是想出門，其中一人猜中法眼心思，另一人則誤以為法眼要通風或透光，一人與法眼的心思相印，另一人沒有相印；因此，動作雖同，心意不同，故說一得一失。

另一層涵義是從禪機的立場分析，其中一僧得到禪機，另一僧則失去禪機。此二僧本來要向法眼請法的，現在有一僧認為不必再問了，他已知道和尚手指門簾的意思。事實上有什麼法好請的？老師要出門就去捲門簾，天色暗了也去捲門簾，這就是法。還有哪一樣事物不是現成的悟門？如果體會到法法都是佛法、法法都是禪法，那就體驗到，法法都是無我的智慧所見的實相世界了。

另一個弟子未得悟境，既然法眼和尚指門簾，他就捲門簾，然後還等著向法眼和尚請求跟他們說法，其實法眼已在無聲之中說過法了，他卻失去了聽法開悟的良機。

至於法眼當時說這話的用意是什麼？既然是禪機，那只有他自己知道了。其實我們對禪師提出類似的禪語，做任何判斷分析解釋，都是上了圈套的愚人。當時法眼只是用一句聽來有意義，實際無意義的話，來引發弟子們的智慧，對於未悟者會起疑情、成疑團，破執開悟；對於已悟者可能會給他一句反擊：「這個老和尚又在發瘋作怪了。」

# 閒名在世

洞山良价圓寂前對弟子們說：「我有閒名在世，誰能為我除掉它？」有一位沙彌站出來說：「請問老和尚的法號是什麼？」洞山說：「我的閒名已除。」

這則公案講的是人對自己名字的執著，必須放下。從主觀的立場看，自己的名字就等同於自己全體的價值，凡是跟你自己相關的，都跟你的名字連在一起，這就構成了自我中心的膨脹。從客觀的立場看，名字界定了你這個人的存在，代表你這個人的立場。

然而，名字是假的，在未生之前固然沒有，在世之時名字也並不等於你自己，像是臨時標貼的一個符號，因此每一個人都有一個以上的名字，也有許多不同的人卻用著相同的名字，在死之後，你的人已不在，縱然名字還在，早已不是你了，那不過是一個符號。可見你的名字跟你這個人並無一定的連帶關係，故稱「閒名」。也

可稱做虛名、浮名、假名，不論出名不出名，惡名或美名，都不是真實的你。

有人主張，「名譽是第二生命」，從對於一個人的客觀影響而言，是不錯的，若就一個人的主觀價值而言，那又未必是真理了。

洞山活著的時候，他的法號「良价」這個名字，已不能具體代表他這個人，他去世之後，名字已不能代替他說法度眾生，卻還會有人把他的名字當做在世時的「良价」禪師，念過來念過去。因此，他臨終之前提醒弟子們：不要把他的「閒名」當作住世時的他啦！一般人不僅在世時爭名奪利，還在乎去世後於青史留名，因此而沽名釣譽，追求虛名，結果反被盛名所累。莊子說：「為善無近名。」似乎也對。

照理，對於一位得道的高僧，實至名歸或有名無名，都不會介意，然而，洞山欲除閒名，是否也算執著呢？不，他是為了後人除執著，而非他自己有執著。

這時有位高明的沙彌站出來詰問他：「你的法號是什麼？」這個沙彌明知他叫良价，還要戳他一下，意思是說，老和尚，你還在意有閒名留在世界上嗎？如果放它不下，那就除不掉啦！他被這麼一問，知道已達目的，便說：「我的閒名已除。」

就洞山內心而言，他沒有名字，他唯有人人都有的道法，可是世人看不到道法，卻把他的名字當成他的道法，可謂認錯對象了。洞山用心良苦，臨終之際，還叮囑世人，不要貪閒名，不要執閒名，應當求道、求法，開發各自心中的寶藏。真是暮鼓晨鐘，發人省思。

# 有主沙彌

年少的仰山慧寂參訪溈山靈祐，溈山問：「你是有主沙彌還是無主沙彌？」仰山答：「有主。」溈山又問：「主在什麼地方？」仰山聽了，從西側走到東側，溈山便知他與眾不同。

一般而言，沙彌必須跟隨他剃度的師父，到二十歲滿，受了比丘戒之後，如果師父有道有學，他還是會繼續跟隨下去。所謂「有主」，是跟他剃度師在一起，即使不跟隨師父身邊，還是受著師父監護、培育、照顧。

仰山年紀輕輕，就離開他的剃度師，到溈山座下；未跟在剃度師身旁，還稱他自己是有主沙彌，意思不是指的有師父在旁，而是表示自己已能做得了主，這種例子並不尋常。通常是因為剃度的師父不懂修行方法，也不知佛法的義理，對於剃度了的沙彌，無能擔負起比較好一點的教育工作，因此有些資質較好的沙彌，雖然小小年紀，就會被送出去跟隨大善知識修學佛法，連我自己也是在沙彌時代，就被剃度師送進了佛學院的。

溈山見到仰山，便隨口問他：「你是有主沙彌還是無主沙彌？」這是一語雙關的問法，既是問他，在哪裡出家？剃度師父是誰？也是問他，出來參學，有些什麼道理？已經自己做得了主嗎？可知自己的內在就有主人嗎？你是否時時刻刻清清楚楚、明明白白、安安定定，隨時指揮自己、照顧自己、幫助自己，不會身不由己、心不由己、口不由己嗎？

仰山回說：「我是有主沙彌。」他也是一語雙關，表示他既有剃度師，也做得了自己的主。溈山聽他如此回答，遂問：「主在什麼地方？」這又是一語雙關：你的剃度師在哪裡呀？你說你做得了自己的主人，那個主人是在什麼處呢？仰山不說話，乾淨俐落地用動作表示，在溈山面前從東邊走到西邊，顯示他做得了主，他要自己怎麼樣就能怎麼樣，能夠指揮、照顧、安定自己的，就是自己的主人嘛！

這個動作不尋常！一般小沙彌學不起來，只會答說：剃度師父是某人，出家的寺院在某處。仰山從小出類拔萃，後來果然成為溈山座下最傑出的傳人。

# 有不病者

德山宣鑒生病，有僧問他：「還有不病者也無？」德山說：「有。」僧問：「如何是不病者？」德山呻吟著說：「唉喲！唉喲！」

大德高僧、得道禪師，還是會生病的，但他們是肉體雖生病，心中並無病；身體的病是疼痛，心中的病是煩惱。在此公案中說，德山宣鑒病了，有僧問他：「老和尚，連你都會生病，那還有誰不生病的？」德山說：「有啊！有不生病的人。」僧人追問：「不生病的是怎麼樣的人呢？」遂演示給他看，「唉喲！唉喲！」地呻吟，意思是他這身體有病的人就是內心不病的人。

這則公案的意境相當高。有一部佛經叫《維摩經》，經中的主角維摩居士，是舍衛大城有道有德的長者，他生病時說過一句話：「因為眾生生病，所以菩薩不得不病。」這其中有兩層意思：一是同病相憐，菩薩病了才知眾生需要關懷、照顧、幫助。另一層意思是，如果想進入全體都有病的眾生群中幫助他們，自己身上要帶著跟他們類似的病相，才能博得他們的認同，讓他們接受你所給的治病觀念、技術和方法。

德山雖然肉體有病，心中並沒有病；生理上儘管疼痛，心理上卻沒有怨恨、無奈、希望逃避的想法。有病和無病的心境，完全相同，能痊癒固然很好，醫不好也沒什麼關係，因此有病等於沒病。但是因為眾生有病，所以他也要示現出疾病的樣子。

一般人如果自己生病，或者親友生病，也可以用這種方式加以安慰或勸導，不但可祛除自己向病魔投降的陰影，也能對病友有所啓示和幫助。

# 除之益患

道吾宗智圓寂前，對弟子說：「我心中有一物，許久來一直使我不舒服，誰能為我除掉它？」石霜慶諸說：「心物俱非，除之益患。」

這則公案是在道吾宗智圓寂之前，對弟子說，他有個未了的心願，希望有人幫一個忙。對他而言，天下事都已不是問題，唯一擔心的是衆生還未度盡，弟子尚未解脫，許多人等著要開悟，但他即將過世，再也無法幫助他們。誰能把他的心願接替下去，承擔這個任務呢？

通常每一部佛經最後都有所謂〈囑累品〉，交代聽衆聽經之後，當有責任護持它，使它永遠留世、化世；道吾宗智也是以這樣的慈悲心交代遺囑。但這幾句話被石霜慶諸點破了：「心物俱非，除之益患。」內在的心是自己，外在的物是環境，不論心內或心外，沒有任何現象是真實不變的，全是幻境、幻象、妄念，不需要除掉；如果執意要除，心中更增一分執著，那更放不下了。

石霜等於告訴他：「放心圓寂吧！隨緣來去，沒什麼需要擔心的，如果擔心，反而會增加執著，也為後人帶來累贅。」他的意境更高超。

大悟徹底的人，一切皆自然。在世時弘揚佛法、奔走度眾，是自然而然的事，有眾生需度就度，如果因緣不成熟或無此因緣，也不必著急、不必擔心，這不是你放不下就能解決的。自己能做多少就做多少，這一生縱有來不及做的事，該走的時候依然心無罣礙地

走。眾生如果已經種下得度的因緣，不需你擔心，他們也會成熟。所以，未圓寂之前的奉獻最重要，臨死牽掛則是多餘的。

# 德山的棒

德山宣鑒上堂說：「問即有過，不問獨乖。」隨即有僧出列禮拜德山，德山舉起棒子就打，僧不解：「我只是禮拜你，你為什麼打我？」德山說：「待汝開口，堪作什麼？」

在中國禪宗史上，唐朝出了兩位非常卓越的禪師，分別以「棒」、「喝」聞名。德山宣鑒善於用棒，臨濟義玄精於用喝，因此號稱德山臨濟是棒喝家風。但大家不要誤會，不是德山見人就打，也不是臨濟見人就喝，而是他們二人用棒喝手段來啓發弟子的例子比較多。用棒用喝的方法，最容易使人的妄念轉不過圈來，一旦妄念起不來、轉不過，便能使你妄念頓消，悟境出現。如果採用柔性及迂迴的方式，所費的時間可能較長一些。

這則公案是說，德山在法堂上出題目考驗聽法的弟子群，一邊要大家發問，立即又說：如果發問就有過失；如果不問，就違背了禪的宗旨。這是陷人於兩難的手法，問也不對，不問又不行，這種方式能使弟子們的心念不知所措，逼到走投無路，就可能兜底脱落，通身放下，悟境出現。不過此時並沒有人開悟，倒有一個伶俐僧人，心想：「我不問，出來禮拜總對了吧！」好個小聰明，其實心中念頭一動，已經失去了禪機，當然該打。這時不思不想，反能頓斷煩惱、頓破執著、頓除妄想分別。如果玩小花樣，想用另一個方式表達，早已不是德山希望得到的效果，因此舉起棒子就打。

僧人覺得很無辜：「我不是問，也不是不問，只是禮拜而已嘛！」德山說：「還要等到你開口問嗎？」意思是口雖未問，身心已有了問的反應，既然已違犯了約定的規則，豈不是討打。

德山常用棒，卻並不表示他有暴力傾向，他是慈悲心重，所以偶爾會用毒治毒，鉗錐逼拶，打落弟子們的妄想執著。

這一段公案，說明了人都是習慣地用思考來判斷問題、應對問題。這在平常情況下並沒有錯，但在禪的意境，則要我們超越思考、邏輯、理論，而把自我的判斷、立場全部放下，如此才能超越於主觀與客觀、內在與外在，變成一個大自由、大自在、大解脫的高人。

# 馬祖看水

麻谷寶徹隨侍馬祖道一，問說：「如何是大涅槃？」馬祖答：「急。」麻谷問：「急個什麼？」馬祖說：「看水。」

此時的馬祖和麻谷，師徒二人應該是在溪邊或河邊散步，麻谷正思考著生死與涅槃的大問題。一般修行人的目的，就是為了解決生死問題，生死如果未了，一定要非常努力，好好修行，否則不得解脫，不能休息。所以當麻谷問馬祖大涅槃是什麼？馬祖回了一個「急」字，意思是要趕緊進入大涅槃去。

涅槃是不生不滅的寂滅解脫，它與生死相對。生死的意義可大可小，小至妄念的一起一落等於一個生死；範圍再大一點，每一輩子的出生到死亡，叫作生死；更高的層次是大死之後方能大活，那是死去煩惱無明，活出救人濟世的菩薩心行。從禪的意境而言，所謂大活，是大自在、大解脫、大智慧、大慈悲、大宏願，不再有煩惱、不再受困擾；能夠如此的大活，必定也能大死，徹頭徹尾，死了妄想分別、罪惡煩惱，而且死了之後不會再活，從此以後不再遭受生死的折磨。這就是大涅槃的意思。

馬祖所答的「急」字，是說出一般修行人的心境，自知生死未了，所以要急；但是真要得大涅槃，反而不能心急，只要平心用功，安心生活，水到自然渠成。

凡夫和聖人之間並沒有距離，用不著急於趕路，但能步步踏實地跨出每一步，步步都是走的大涅槃路；生死和涅槃之間，不要說有一線之隔，即連半線之隔也沒有。已證大涅槃的人，看生死和涅槃是同一件事，他已超越了生死的界線和涅槃的界線。

因此當痲谷問起「急個什麼」時，馬祖竟然顧左右而言他，索性叫他「看水」，意思是說，討論這些有關生死涅槃，急與不急的問題，都是浪費了生命，目前正在溪邊，看水是最真切的事，如果你還要追問：「如何是大涅槃？」急個什麼？你就看水吧！因為悟後的人看任何東西、體驗任何現象，都是悟境本身啊！

# 離此殼漏子

雲巖曇晟生重病，道吾宗智問他：「離此殼漏子，向什麼處相見？」雲巖答：「不生不滅處相見。」道吾說：「何不道非不生不滅處，亦不求相見。」

在一般佛學名詞中，多把肉體稱為臭皮囊、色殼子，叫作殼漏子的機會不是很多，意思是說這個九孔常漏不淨的軀殼，不僅是一個臭皮囊，還會捅出很多漏子，也就是造業，造業受報，也叫漏子。修行人往往把身體看成造業的工具，不會修行的人多半是造惡業、罪業，然後接受苦報，很會用功的人，才可能經常運用身體來修善業、福業，然後享受福祿壽報，都是有漏的。修行人謙稱自己不會用功，沒有好好運用身體，就會把它稱為殼漏子。修行人能夠運用身體修不淨觀，勘破無常生死，也叫身體為殼漏子。

雲巖曇晟害了重病，道吾前來相探，同時假此因緣請他開示禪法，所以明知得道高僧，已沒有生離死別之情，還要問他離開這個色身之後，我們還在何處相見？其實，生時沒有來，死時沒有去，肉體的生死，僅是軀殼的自然現象，悟後的人，只認常寂常照、恆動恆靜、不生不滅的自性清淨心，不介意幻生幻滅的殼漏子，離開色身的殼漏子，還能相見，那一定是佛佛道同的境界。因此雲巖回答：「在不生不滅處相見。」這其實就是《心經》講的「五蘊皆空」。如果能夠空掉色、受、想、行、識等五蘊組合而成的身心世界，不僅不再執著身體，也會放下我們對於心理、精神、思想、觀念等的執著，這就是空，此時即能與一切諸佛、一切親友、一切眾生永遠相見不捨離了。因為你也空、我也空，無處存在也無時存在，無處不存在也無時不存在，只要超越了時空的執著就能遍處相見、永恆相見。換句話說，只要有生有滅、有去有來，都是虛妄，不能真正見到你我的真面目，唯有離開生死，把所有對立的認識心全部斷除，這才是真實的境界，才能真正赤裸裸地、隨時隨處相見。

但是道吾覺得，希望在一切處一切時的不生不滅處相見，尚有執著，修行到不生不滅的層次，已無相對的主客之分，還需要說永遠相見、處處相見嗎？道吾則提出「非不生不滅處，亦不求相見」。他是超越「生滅與不生不滅」的界線，同時放下「相見與不相見」的差別觀點，呈現出大自在與大圓滿的本地風光。

# 日用而不知

玄沙師備與韋監軍吃果子，韋監軍問：「如何是日用而不知？」玄沙拈起果子說：「吃。」韋監軍吃了果子，再問同一個問題。玄沙說：「這就是日用而不知。」

這則公案呈現了一個事實：人們恍恍惚惚度日，生活中有太多的不知不覺，弄不清當下此刻過的是什麼生活？不知道自己在想什麼？講什麼？做什麼？自己是誰？身分為何？立場為何？所以經常惹麻煩，吃虧又受苦。

「日用」即禪宗的「平常心」。禪宗的修行並不限於打坐，舉凡語、默、動、靜、行、住、坐、臥，皆是修行的項目，不論白天、夜晚、靜處、鬧處，都是修行的時地。亦即以整個生活本身為修行。禪宗的修行人跟一般人還是有所不同：手上在做什麼，心裡清清楚楚知道在做什麼；口中在說什麼，心裡清清楚楚知道在說什麼；腦中在想什麼，心裡清清楚楚知道在想什麼。經常保持心口一致、身心一如，心中安靜、穩定、明白、自在。

韋監軍所疑惑的是：平常生活中的種種動作、現象，自己怎麼可能不知道？比如吃飯的人豈不知自己在吃飯、走路的人豈不知自己在走路！為什麼禪宗說有人日用而不知？因此他向禪師發問了：「如何是日用而不知？」其實在禪者眼中，一般人的生活都是醉生夢死。有人嘴巴吃飯，心裡想其他的事；聊天或談話心神飄忽不定，先是沒聽清楚對方的話，隨後又做了不當的反應，造成雞同鴨講、溝通不良。

玄沙禪師當場就試驗韋監軍，拿果子叫他吃。韋監軍覺得對方答非所問——我問的是「如何是日用而不知」，你卻叫我吃果子，所以再問一次。這就是他的破綻了，雖然在吃果子，但腦袋裡另有念頭，所以玄沙一下子就點明他：「你剛才那個現象就是日用而不知。」

如果時時刻刻攝心、分分秒秒平靜，輕鬆自在地欣賞、享受生活，這就是禪的修行生活，也是非常踏實、充實的生活，不會有挑剔、怨恨、誤解、猜測、懷疑、不滿等等煩惱心出現，生活也因而有條理、有規律、有趣味。比如吃飯，咬一口飯，細細咀嚼，品嘗這口飯，欣賞這口飯，飯也就特別香。如果邊吃邊講話、想心事，不但食而不知其味，消化也不良，挑嘴、偏食等的壞習氣也都跟著發生了。

# 盲者係前盲，啞者係前啞

有僧問大顛寶通：「苦海波大浪大，應以什麼為船筏？」大顛說：「以木為船筏。」僧人問：「這樣就能得度嗎？」大顛說：「盲者依前盲，啞者依前啞。」

僧問大顛寶通禪師，該用什麼方法和技巧來通過生死煩惱的驚濤駭浪。我們常說佛法是苦海的慈航，能助我們駛向彼岸的樂邦和佛國淨土，但佛法究竟是什麼呢？很多人念經並未開悟，聽了佛法也未離苦得樂。僧人想，其中一定有竅門吧！因此開口問大顛。

大顛沒有說出什麼驚奇的、神祕的答案，只是順著問話者的口氣回答：「你用木頭做船筏，就可以通過苦海的大波大浪了。」木頭做的船筏只能通過普通的水域，對生死的、苦惱的、執著的苦海，哪能派得上用場？僧人不滿意這個答案，所以追問：你說用木頭做的船筏，豈能過得了生死煩惱的苦海？

其實，苦海是比喻，木頭做的船筏也是比喻，《金剛經》中便以木筏喻佛法，何謂佛法？佛說一切法都是佛法，又說非法非法即是佛法，又說佛也未說一法；只要捨筏登岸，就度苦海，還要問什麼呢？

所以大顛只好說：「盲者依前盲，啞者依前啞。」他已經講得很清楚了，誰要過苦海，就用木頭做船吧！可惜此僧在發問之前不知道木頭做的船筏是比喻什麼，所以就跟瞎子一樣；現在已經告訴了他，還是不懂，等於指給他看，他看不到，豈不是瞎子？在佛門中不知戒律、不懂佛法的出家人，被稱為「啞羊僧」，此僧未發問前不懂佛法，聽了佛法之後，還是不懂佛法，豈不就是啞羊呢！在一般人之中，往往也會遇到類似的談話對象，你所講的和他想的，完全無法取得共識的回饋，不過不要緊，以耐心和恆心來溝通吧，頑石也會點頭，何況是人呢。

# 今日初三

雲居道膺辭世之前問侍者：「今天是幾時？」侍者答：「初三。」雲居說：「三十年後，你也要這麼說。」接著便圓寂了。

釋迦牟尼佛在涅槃之前，說了一部《遺教經》，許多禪師在臨終前也寫下辭世偈，表達當時的心境或期望對他人有所助益。由於是最後一句話、最終一個交代，影響力特別大，晚輩會牢牢記取，並努力實踐。因此，雲居道膺圓寂之前，弟子也理所當然地等候他的交代。沒想到雲居說的是：「今天是幾時啊？」侍者照實回答：「是初三。」

雲居簡單一句問話，把自己的經驗都昭示給弟子和後人了。什麼時候該來世間就來，完成任務之後，該走的時候就走。自自然然地來，平平常常地走。所以他告訴侍者：「三十年後，你也要這麼說。」意思是侍者啊！你將來也會死，也要這般自自然然地來，平平常常地走。而且所有的人都應該這樣，不要生時莫名其妙，不知為何而活，死時又牽牽掛掛，捨不得這個、放不下那個；從生到死，醉生夢死。

「三十年」僅是表示往後的某年，不一定在三十年後，也許侍者正好跟雲居相差三十歲，到了他那個年齡，應該要有同樣的辭世心態。「初三」也只是一個巧合，不是特地選初三那天過世。生死自由、生死自在，並非不想死就可以不死，想死就隨時自我了斷，而是應該活時就要活下去，或者受苦受難，或者多福長壽，也都平常、歡喜、自然。如果死的時候到了，不需要痛苦憂懼、難捨難分，而是自然自在地過世。此即宣示已從生死得自在、得解脫的消息。

# 不被境惑

一僧問藥山惟儼：「怎樣才不會被外境所迷惑？」藥山反問：「外境怎麼會妨礙你呢？」僧說：「我就是不懂啊！」藥山問：「是什麼外境迷惑了你？」

人要不被外境迷惑，談何容易！外境包括誘惑、衝突、威脅、打擊以及使人心花怒放的讚歎、歌頌、稱揚、美譽等。當你的財產美眷被人奪，地位被人搶，得心應手時有人扯後腿，努力向前時有人布陷阱，這些都是外境，也即是人生的種種遭遇。人之所以稱為凡夫，是因為情緒和想法會受外境影響。因此有人說，人間社會是個大染缸，浸黃則黃、浸蒼則蒼，好環境塑造高尚的品格，壞環境則養成低落的道德，這就是被外境迷惑的緣故。這麼一來，人就得憑運氣了，不知道如何才能運用環境，使得自己不斷地成長，不受負面的影響呢？

禪的修行方法和觀念，就是叫人把利害、得失、人我、是非的關鍵撇開，超越主觀的立場，甚至超越客觀的立場，透明地看待該件事，這就不會受迷惑了。只要心中無私無欲，便不會被外境迷惑，《金剛經》中明示「無我、無人」，外境豈能干擾得到！因此，此僧問了藥山這個問題，藥山回答的是：「外境怎麼會妨礙你呢？」此僧還是會不過意來，依然聽不懂藥山的反問，他總認為是外境中的人、事、物，妨礙了他，使得他手腳失靈、進退失據。其實問題出在他的心中有不安、有所期待，所以外境能夠影響到他，這就是因為心中自迷所以心隨境轉，如果心有

智慧，便能使得境隨心轉。此正是仁者無敵，智者不惑，只有愚者常被外境困擾。

藥山連問兩問：外境怎麼會迷惑你？什麼樣的外境在迷惑你？雖然分作總問一切外境及別問單獨的外境，如果你是一位有智慧的禪者，必然懂得，無相無我的大智海心，是不受一法、不拒一法、不捨一法的，就好像季節有春夏秋冬、月亮有陰晴圓缺、海水有潮汐漲落，不多什麼也不少什麼，哪兒還有什麼心被境迷、境來迷心的事呢？

# 通身是眼

道吾宗智問雲巖曇晟：「觀音菩薩有千眼，哪一個才是正眼？」雲巖答：「如人夜裡摸著枕子。」道吾說：「我懂了。」雲巖問：「你怎麼懂得的？」道吾答：「那個人通身是眼。」

眼睛有正眼、邪眼，也有肉眼、慧眼。正確的見解是正眼，歪曲的看法是邪眼，父母所生的肉眼是通過眼球的水晶體而視物，穎悟開啓的智慧眼則是通過沒有煩惱的心境，以純客觀的角度面對一切現象；智慧之眼也有深淺，淺的是客觀，深的是絶觀，它超越了自我中心的心理反應，以及自我中心的認識和判斷。觀音菩薩的正眼，便是智慧眼，智慧眼跟所謂千里眼及天眼，亦不相同。天眼是運用神通的力量見到遠處、隱處、隔離處、細微處的事物，以及預見尚未發生的情況，有智慧眼的不一定會有天眼，但它能夠為你打開心靈的門窗，以無得無失的心態來看待這個世界的形形色色。

佛說觀音菩薩有千眼，照顧一切衆生，究竟是哪一些眼？既有神通眼也有智慧眼！他用神通眼在同一時間看到千千萬萬人在千千萬萬處受千千萬萬種苦難，祈求千千萬萬種救濟；他用智慧眼配合慈悲心，恰到好處地因應他們、幫助他們。

道吾宗智所問觀音菩薩的千眼之中哪一個是正眼？既然是觀音菩薩，哪一個不是正眼？雲巖想把他的念頭撥轉過來，希望不要去揣測觀音菩薩有多少正眼，一切凡夫除了肉眼之外，渾身也能產生眼睛的功能。

比如黑夜裡睡在床上也能摸到枕頭，如果頭腦清楚，不需肉眼也知道那是枕頭；不論用身體的任何部分接觸，都會知道那是枕頭。因此，也可以說，普通人就可能通身是眼。

一般人以為「以耳代目」，不切實際，如果以肉眼、肉耳，的確不能毫無障礙地互相通用，如果是用智慧的心眼、心耳，倒是可以互用無礙的。佛說觀音有千眼，世人以宗教的信仰心，也把觀音菩薩塑造為千手千眼，其實他只有兩眼，也等於通身是正確的智慧之眼。

# 住持事繁

三聖慧然問雪峰義存：「陷在魚網中的魚，吃什麼過日子呢？」雪峰說：「等你從魚網中鑽出來再告訴你。」三聖說：「你是一千五百人的導師，怎麼連我的話都聽不懂？」雪峰答：「住持事繁。」

三聖慧然代表一切凡夫眾生，對雪峰義存發出這個疑問。凡夫每天懵懵懂懂過日子，另方面又兢兢業業、慌慌張張找出路，追求安身立命的所在。這種處境，就如陷在魚網中的魚，不知死在眼前，尚在為生活而忙。有些人是毫不自覺，已在網中，醉生夢死；有些人則雖已察覺到是處身於這口魚網中，卻無法破網而出。最不幸的是，這些人即使自知都是身陷魚網的天涯淪落人，由於大家缺乏安全感，還是不免彼此之間你爭我奪、爾虞我詐，以自相殘殺的行動，來尋求虛幻的保障。問題是，網中的魚已經沒什麼食物可吃了，只有互相吞食啦！這是三聖慧然為凡夫眾生著急的原因，於是問雪峰如何解救這些魚兒，讓牠們有好日子過。

雪峰回答是：「很簡單，等你從魚網中鑽出來就告訴你。」三聖很不滿意，認為雪峰答非所問，如果魚在網外的話，我也不必問你這個問題了。你領眾一千五百人，是個大寺院的住持，應該聽懂我的話啊！其實，雪峰能解答的已經解答過了。

人的煩惱網，不是有誰撒下的，純粹是作繭自縛，只要放下比較、計較、依賴、期待等的妄想心，當下就不在那口網中，如果還是不懂，再說千言萬語，亦似對牛彈琴。所以回說「住持事繁」，沒有空閒解答是託詞，也是事實。

# 諸方火葬，我這裡活埋

黃檗希運率僧眾在茶園鋤地，與弟子臨濟義玄之間發生了一則動作火爆、言語冷峻的公案，把一方茶園搞得鬧翻了天。

臨濟義玄跟著師父黃檗希運，到山坡鋤地種茶，臨濟到茶園之後先向黃檗問訊，然後按著鋤頭把沒有動靜，等著黃檗起反應。黃檗問他：「你累了嗎？怎麼不工作？」臨濟說：「才剛來呢！怎麼會累？」黃檗知道臨濟搞怪，拿起拐杖就打，臨濟用手接住拐杖，並順手把老和尚推倒。黃檗喊：「維那，快來！拉我起來。」維那是寺院中領眾的幹部執事，也可說是寺院中上殿、過堂、勞務等各項活動的領班者，類似首席經理或隊長。

維那見此，一邊扶他起來，一邊嘀咕：「義玄這傢伙瘋了，太不像話！」以常情常理衡量，把方丈和尚推倒在地是逆上，應該受罰並逐出三門。沒想到卻恰巧相反，義玄沒有事，倒是維那被黃檗打了一頓，維那大惑不解，挨打的怎麼會是他？而臨濟義玄還一邊鋤地一邊說風涼話：「許多人死後用火葬，我在這裡幫忙活埋。」他鋤地不是為了種茶，而是準備活埋方丈和尚黃檗希運。

此則公案究竟透露出什麼訊息？臨濟心中已經自在、獨立、灑脫，希望得到黃檗的認定；如果黃檗不予認定，那是自己工夫不夠，尚需努力。所以他趁此機會向黃檗請教、領教，只不過他是用動作來表達他的心境。師父打他，他竟敢接下師父的拐杖並把他推倒，換了別人哪有這個膽子？但是臨濟心中坦然：「打我不是辦法，也沒有用處，我不需要挨打。」因此直接反應就是把師父推倒，這不是講理由的場合，最好用動作直接透露自己的心境。如果臨濟是假的，在明眼人前，必定會露出破綻，黃檗會更加狠狠地打他。結果黃檗卻打了維那。

維那不知道他們之間發生了什麼事，還很不識相地發表評論；

黃檗認為這個人才該打，打了才會明白他們一來一往的精彩。臨濟更進一步表示他的心境不依不靠、無礙自在，便說：「許多人死後火葬，老和尚沒死，我要把他活埋。」臨濟不是真的要活埋黃檗，而是他已不是小孩，不需要老和尚的呵護提攜、幫他什麼忙了。此時，對他而言，老師黃檗已可死了。不是真的要黃檗死，而是表示他已頂天立地自由自在了。

# 死貓兒頭

有僧問曹山本寂：「什麼東西最貴重？」曹山答：「死貓兒頭最貴重。」此僧大惑不解，問曹山為什麼？曹山說：「因為從來沒有人估算過死貓兒頭的價錢。」

一般人對世間事物的價值衡量，是以稀為貴，以功能愈大愈貴，以使用者的身分愈顯愈貴。若從佛法的觀點而言，身外的以三寶最珍貴，心內的則以見佛性的智慧最可貴。

此僧問的是曹山心目中最貴的東西是什麼？這個問題無法正面回答，只能旁敲側擊；如果講見佛性、明真如就太抽象了，必須用具體的、平常的、現實的事物，來襯托出所要陳述的那個東西，才能讓人一聽就懂。

可能曹山本寂最近看到或知道有一隻貓兒死了，所以隨口回答：「死貓兒的頭最貴。」這句話對一般人是無法理解的。若說牲畜的頭，豬頭、牛頭、羊頭，都可以待價而沽，死貓的頭怎麼可能是天下最貴的東西？曹山答得很好：凡是可以計算、估價的東西，都是有價的，也是有限的，那是比較上的貴，不是最貴。無法做價值判斷、無從計較價錢高低的才最貴。

智者能化腐朽為神奇、變垃圾成黃金。愚者雖擁有萬貫家產，不善用也不知用，守著黃金碗缽，結果餓死在家。請問：究竟是什麼最貴？不是客觀的事物，而是主觀的功能發揮。

曹山所給的就是智者的答案，他不是故意地貴他人之所賤，賤

他人之所貴，而是只要能夠啓發你智慧功能的，便是貴重的，讓你產生煩惱、增長心理障礙的，便是垃圾。唯有無私的智慧是你永遠擁有，永遠用不完的。這才是最貴的東西。

# 猶有這個在

牛頭法融引導他的師父雙峰道信禪師前往他的禪修處，途中遇虎。道信故意顯出害怕的樣子，法融說：「猶有這個在。」後來道信在法融打坐的石頭上寫個「佛」字，法融不敢坐下。道信說：「猶有這個在。」

看來師徒二人都在考驗對方，而真正通不過考驗的是弟子法融。

法融和他的師父道信禪師在山中同行，路上遇到老虎，道信一付害怕的模樣。法融不免聯想到，歷代的得道高僧在深山遇到毒蛇猛獸，都能相安無事，甚至以老虎做為看守僧寮的警衛。自己的師父竟然怕老虎。法融沒看出這是師父故意裝出來試驗他的，因此說了一句：「師父，怎麼你的心中還有一個怕字哩！」意指師父未得解脫。道信沒吭聲。待兩人準備坐下來時，道信在法融打坐的石頭上寫了一個「佛」字，法融一看，就不敢坐下去。道信因此笑他：

「你心中還有一個佛字呢！」

這個故事乍看不近情理。弟子不留情面，說師父心懷恐懼，未免不禮貌；即使師父害怕，弟子也不應說穿。此外，佛教徒對佛應該尊敬有加，寫一個「佛」字意圖讓人坐下去，當然對佛不敬；師父豈應如此捉弄徒弟，使他困擾。

話說回來，禪師心直口直，有什麼就是什麼，該怎麼就是怎麼，彼此之間不必顧慮太多，所以法融說：「師父，你在害怕呢！」這句話並不過分。而道信那麼做是為了試探徒弟，是為了破除法融心中的執著。「佛」只是一個字、一個觀念而已，並不等於釋迦牟尼佛就在那裡，何況禪宗主張佛在心中，不在心外，又主張處處是佛、無處沒有佛。誰知僅僅一個「佛」字就把徒弟嚇得不敢坐下。

這都是在不知不覺之間顯露出來的心態，絲毫沒有矯飾做作。

道信如此點出之後，法融感到慚愧，原來自己心中還是有東西。因此繼續努力，終於開悟了。

現代人有很多莫名其妙的忌諱，比如筷子掉在地上、打破碗、壓死貓、烏鴉叫、出門時鳥糞著頭等等。由於心中「猶有這個在」，一旦遇上了，就覺得晦氣倒楣，擔心憂慮的結果，使得心神恍惚，出事的機率自然增加。如果不在乎它，已發生的就發生嘛！禁忌和迷信就可以破除了。

# 鐘聲擊心

曹山本寂一日聽到寺院敲鐘，就「唉喲！唉喲！」喊起來。有僧問他怎麼回事，曹山說鐘聲打著他的心。此僧一時錯愕，無言以對。

鐘聲在寺院中有兩種功能：一是提示作息時間的信號，另一是集合僧眾的號令。其實這兩種功能是互相通用的，時間到了就敲鐘，請大眾集合做某事。

一般人都知道晨鐘暮鼓，事實上寺院裡不分朝暮，都要撞鐘擊鼓。早晨起床時，先鐘後鼓；晚上就寢前，先鼓後鐘。晨間敲鐘，是喚人起床，一聲聲使人警醒、清醒，在鐘聲中以安詳、穩定、從容、莊嚴的心情整裝漱洗，上佛殿做早課。到一天終了時，大眾已很疲倦，很想在昏沉中睡去，此時的鐘聲，能使修行人維持寧和、安定，心中一片清明，伴著鐘聲的餘韻入眠，充分恢復疲勞，可以不做亂夢，第二天精神奕奕。所以寺院生活中有一首聞鐘偈：「聞鐘聲，煩惱輕，離地獄，出火坑。」可見撞鐘聞鐘聲是跟修行生活分割不開的。

在此公案中，曹山本寂聽到寺院敲鐘，就「唉喲！唉喲！」叫起來。因為鐘聲的功能跟大衆的心念相通，對他而言，鐘聲與佛心、衆生心，不一不二，撞鐘就是撞他的心，鐘聲就是他的心聲。他不是真的被打痛，也不是起了煩惱，而是為了表達心境一如、內外統一。其實，他也可以在聽到鼓聲、風聲、雷聲、雨聲以及接觸到一切景物時，大喊唉喲，唉喲！只不過當時正巧是聽到鐘聲。如果能夠體悟到這個境界，此人一定非常有智慧而且有慈悲。

至於曹山當時的心中是在想著什麼，體悟到什麼，我們並不知道，可能僅是一個禪機，逗著弟子們去瞎思索，當思索不出而放棄思索時，正好是放開一切的悟境出現。可見後人挖空心思來解釋類似的禪宗公案，根本就是自作聰明的蠢事！

# 功德天・黑暗女

黃龍慧南一日上堂說法：「有一人朝看《華嚴經》，暮看《般若經》，晝夜精勤，不曾懈怠。另一人不參禪不論義，白天鋪張破席睡覺。這兩人一起到我這裡來，一人有為，一人無為，哪一個才對呢？」許久無人答腔，黃龍說：「功德天，黑暗女，有智慧的人，兩個都不要。」

黃龍慧南對弟子描述有為和無為的作風，然後問弟子哪一個才對，弟子頗覺為難，久不作答，黃龍遂說：「對有智慧的人而言，這兩種都不要。」這段公案包含三個層次，一是有為，二是無為，三是超越於有為和無為。

文中第一人既看《華嚴經》也讀《般若經》，非常精進用功，毫不懈怠，這代表有為。學佛者理當如此，而一般人則認為這是大修行人的典範。另有一人老是攤張破席子，不分日夜到處睡覺，既不參禪也不討論佛教義理，游手好閒無所事事。從世俗眼光看，這種人是懶和尚，沒有修行，其實他已得大解脫；如果沒有人需要他，他就呼呼大睡，如果有求於他，他會全力以赴。換句話說，有事就做事，無事就睡覺。這是無為。

黃龍禪師用功德天和黑暗女的比喻，來表明他的看法。功德天是佛教中的財神毘沙門天王的妹妹，又說是后妃，亦名吉祥天女，形相秀美端正，赤、白二色，天衣寶冠，能給眾生成就大功德，故名功德天；而黑暗女又名大黑天，是大自在天的后妃，被祀為戰神，青黑雲色的身體，面現憤怒相，虎牙上出，有八手八臂，各執兵器及毒蛇、骷髏等，能降伏惡魔。在禪宗以此黑暗女的當體煩惱不動，即表示自性清淨功德天的覺體自在。所以有「功德天女與黑暗女同行」的成語。沒有智慧的人會喜歡功德天，畏懼黑暗女，殊不知此二者是形貌雖異而本體無別。有智慧的人既不在乎功德天，也不在乎黑暗女，他超越了二者的分別。

在黃龍禪師的心目中，上說第一層次的人尚未修成；第二層次的人已經開悟；至於第三層次的人，不論你修行不修行，開悟或未開悟，他的內在感受和反應是完全平等的，不因你有為或無為而受影響；他既不讚歎有為也不批評有為，既不貶抑無為也不頌揚無為，這種人，才是真正地得大自在。

世間一般人大概只在第一個層次，不過可以試著揣摩並體會無為以及超越於有為無為的心境。

# 一枝草

趙州從諗上堂說：「如明珠在掌，胡來胡現，漢來漢現。老僧把一枝草為丈六金身用，把丈六金身為一枝草用。佛是煩惱，煩惱是佛。」當時有一僧發問：「不知佛是誰家煩惱？」趙州答：「與一切人煩惱。」僧又問：「如何免掉？」趙州說：「為什麼要免掉？」

這段故事反覆破除相對的執著，舉凡好壞、大小、凡聖、智愚，一破到底。

明珠是夜明珠或水晶球。若胡人看著明珠，則出現胡人的身影；若漢人看著明珠，則出現漢人的身影。不論是胡是漢，對明珠絲毫沒有影響，不礙它依然是明珠。

趙州從諗接著把一枝草當成佛的丈六金身，把丈六金身的佛當成一枝草。乍看之下這與前兩句毫無關聯，其實他把一枝草與丈六金身互用，正是平等看待世界的好壞、大小、凡聖、智愚，不起分別執著心。丈六金身是佛的莊嚴身，一般人只有八尺高，佛則有一丈六尺高，而且呈紫金膚色。但對趙州而言，看一枝草好比看到丈六金身的佛那樣地莊嚴；而丈六金身的佛在他眼中，也與一枝草平等無二。因此，對明心見性的人來說，胡人來也好漢人來也好，對明珠本身則無增無減；見佛也好見草也好，對於智者來說，二者沒什麼差別。

趙州又說：「佛是煩惱，煩惱是佛。」如果執著丈六金身是佛，此即煩惱，因為心中有這尊丈六金身的佛，就是分別心、執著心，煩惱即因佛而起。另外一層意思是，佛與煩惱平等，執著佛固是煩惱，不執著佛但也不信有佛，亦是煩惱。

此時有一僧發問：「佛是誰的煩惱呢？」趙州答：「佛給所有人煩惱。」意思是因為有個佛的觀念讓人執著，所以給人煩惱。另一層涵義是，衆生自己就是佛，但是很多人不知道，所以煩惱由自心產生，等於是佛給他煩惱。

僧又問：「如何免除佛給我們的煩惱呢？」趙州說：「不需要免除啊！不執著它就好了。」你若要免除，又增加一層煩惱；如果不在乎它而超越它，那麼佛與煩惱就全部消失了。

一般人遇到好事就想追求，進而攫取，結果好事多磨反增煩惱；遇到壞事就想逃避，逃之不及益增煩惱。如果了解這個公案，就不會遇好則追，遇壞則逃，而會適切地、適當地接受它或促成它，心中一片坦蕩蕩。

# 主在什麼處

雪巖祖欽問弟子高峰原妙：「日間浩浩時你做得了自己主人嗎？」高峰答：「做得主。」雪巖又問：「睡夢中做得主嗎？」高峰也答：「做得主。」雪巖再問：「睡著的時候，無夢、無想、無見、無聞，主在什麼處？」高峰答不出來，從此發憤精進，最後因同宿道友推枕落地，聞聲而大悟。

雪巖祖欽藉著與弟子高峰原妙對話，考驗其心境和修行的功力。「做得主」是談話的重點。

一般人通常會愛支配別人，指揮他人而做別人的主人，也自認可以做自己的主人，其實身不由己、心不由己的事常常發生，尤其是當在妄想紛飛及心有千千結的時候，很難主控自己。定力稍深的人在打坐、念經、拜佛時，可能妄念不起、雜念不生，一般人卻做

不到。在眾目睽睽之下，對自己的言行也許還做得了主，但要做到連心念也不越軌，委實不易。何況到了夜晚睡覺時，想要做到不該有的念頭不生起，不該做的亂夢不出現，就更為困難了。

雪巖先問高峰：「白天的時候你做得了主嗎？」高峰說可以。雪巖又問：「你睡著的時候能做得了主嗎？」高峰也說可以。雪巖逼問下去：「你熟睡的時候，既然無夢、無想、無見、無聞，主在什麼地方呢？」高峰為之語塞，從此痛下工夫。終於有一天，他跟道友一起在通鋪上睡覺，道友不小心把枕頭推落到地，撞擊發出聲響，因而使高峰開悟，他悟到的是「主在什麼處」的答案。

他發現，主人其實是不存在的，但它不是沒有功能，如果有外在的動作和現象，它隨時可以起反應。所以，真正大徹大悟的人才是無我，而既然沒有自我中心，還需要問主在什麼處嗎？

尚未開悟或沒有禪修經驗的人，也可以揣摩這則公案。每天於公於私，有沒有「我」的利害得失在其中？如果無所執著而只有功能的發揮，心境會隨之開明，態度也會因而積極。

# 恰恰用心時，恰恰無心用

**這兩句禪語出自永嘉玄覺的〈奢摩他頌〉開頭語。**

永嘉玄覺以《證道歌》聞名於世，他是禪宗六祖惠能的弟子。

「恰恰用心時，恰恰無心用」是開悟以後的境界。恰到好處地用智慧的心，而此時恰恰無心可用；無心可用是因為沒有障礙、沒有牽掛和自我的執著。但無心並非沒有智慧的功能和作用，其作用就是在悟後的待人接物、處世應對、工作思考等等。所以開悟以後的無心並不等於白癡或腦中一片空白，反而是絕對正確地、恰到好處地發揮心的功能。

一般人只能被動地心隨境轉，不能使得境隨心轉，總是被環境所汙染、困擾、動搖；乃至明知不該起貪瞋、妒嫉、懷疑時，他也無法自我控制。這就是有心可用，用的是煩惱心；只要是用煩惱心去應酬環境，就不是恰恰用心。

悟後的人會用心，恰恰用心，恰到好處地用心，自然自在地用心去適應環境。因為心不被境轉，所以有功能而沒有煩惱，這是智慧心，等於無心可用。一般人不會用心，被動地去讓環境牽著鼻孔轉，產生七情六欲，這是煩惱心，是有心可用。

下面還有兩句，也很重要：「無心恰恰用，常用恰恰無。」智者沒有自私自利、自大自卑等的愚癡迷狂心，正好用無染無垢的慈悲心來為一切眾生積極服務；經常為了利樂他人而忙得席不暇暖，不知老之將至，還像是一個無事要做、無人干擾的大閒人。

# 業識茫茫，無本可據

溈山靈祐問仰山慧寂：「大地眾生，業識茫茫，無本可據，你有什麼方法知道他有沒有本呢？」仰山回說：「我自有勘驗的方法。」當時正好有一僧走過，仰山喊了一聲「闍黎」，僧人聞聲回頭。仰山說：「這個便是業識茫茫，無本可據。」

業識茫茫，是指眾生在善業、惡業之中打滾，一生又一生，在生死苦海中，來來去去，進進出出，不知生從何來，死往何去，不知歸宿在何處，也不知道本來面目是什麼，終極目標在哪裡？此即所謂「醉生夢死」。溈山靈祐問仰山慧寂：「一切眾生既是這樣，你可有方法知道他有沒有根本呢？」仰山說他當然有測試的方法。此時正好有位出家人經過面前，仰山就喊了一聲「闍黎」（闍黎是對出家人的尊稱，意為「某某師」），僧人聞聲回頭，仰山說：

「這個便是業識茫茫，無本可據。」

仰山勘驗的準則是，如果對方聞聲而不知所措，魂不守舍，就是不知何去何從。僧人被叫喚的聲音所動，表示他已放下自己而被他人影響；既然會被影響，可見他自己的「主人」已不知在哪裡。

這段公案提出兩個層次：第一，未悟之前無本可據，是因為茫然不知所措。第二，悟後之人不需擁有什麼本來面目，如果有眾生需要他，他就反應；沒有人需要，他就不存在。好比深山中的古鐘，本來是沒有聲音的，有人敲才有聲響，敲過之後聲又不存在了。

尚未開悟的人，總是隨著環境的變動而產生有自我存在的反應，如果沒有環境，就不知道自我在哪裡。所以忙碌的時候非常無奈，覺得被工作拖累，不知辛苦所為何來。閒時又覺無聊，無從安置自己的心，必須找個寄託，把自我交給它。這跟嬰兒沒什麼兩樣，嬰兒不是睡覺就是吃吃玩玩，如果沒得吃沒得玩又不想睡覺，那就哭！哭也是寄託。

這不就是業識茫茫，無本可據嗎？所以這段公案讓我們了解，忙時不要覺得無奈，閒時不要覺得無聊，才不至於隨波逐流，變成茫茫然地不知所以。